何善周 著

《庄子》研究

东北师范大学文学院学术史文库

主编：王确

中华书局

图书在版编目(CIP)数据

《庄子》研究/何善周著. —北京:中华书局,2016.3
(东北师范大学文学院学术史文库/王确主编)
ISBN 978-7-101-11425-6

Ⅰ.庄… Ⅱ.何… Ⅲ.①道家②《庄子》-研究 Ⅳ.B223.55

中国版本图书馆 CIP 数据核字(2015)第 306029 号

书 名	《庄子》研究
著 者	何善周
丛 书 名	东北师范大学文学院学术史文库
丛书主编	王 确
责任编辑	孙永娟
出版发行	中华书局
	(北京市丰台区太平桥西里 38 号 100073)
	http://www.zhbc.com.cn
	E-mail:zhbc@ zhbc.com.cn
印 刷	北京市白帆印务有限公司
版 次	2016 年 3 月北京第 1 版
	2016 年 3 月北京第 1 次印刷
规 格	开本/920×1250 毫米 1/32
	印张 6½ 插页 2 字数 200 千字
印 数	1-3000 册
国际书号	ISBN 978-7-101-11425-6
定 价	30.00 元

总　序

学术本身成为目的才会有真学术

就在前几年，大学期间和年轻时代的记忆越来越多地被唤醒，经常想起给我们上过课或有过学术及其他交往的学术前辈。他们教书的样子，他们学术研究的事件，激起我们重读他们留给后人的那些沉甸甸的文字的热情。上大学的时候虽然就知道这些前辈都是非常了不起的学者，他们不仅是树在我们心中的一面面的旗帜，而且在全国乃至国际同行中享有盛誉。在重读这些前辈著作的时候，还是遭遇到了一种陌生和惊奇，不由得怀疑自己，怀疑我们这些后学的治学道路来。基于此，就想把前辈的学术选集起来重新与读者见面，以便更有效地释放榜样的力量。当时我作为学科带头人和院长，责无旁贷，便开始准备条件，与大家一起策划和推进这套书的出版事宜。现在，《东北师范大学文学院学术史文库》（以下简称《文库》）即将在中华书局陆续问世了，这意味着我们这些后学在实现着一种夙愿。

学术史不接受事实不清、更不接受罔顾事实的知识和观点。因为重读，领略到了前辈学者学术成就的不可多得。人文学术虽然不像科学那样，只有第一，没有第二，而是对一个问题的研究存在多种观点甚至不同结论的可能，但不论有多少结论，都是朝向事实的差异和依据事实的不同判断。我们常说，欲研究某个学术题材，必先知道其有什么，而后才可谈是什么或为什么，大概就是这个道理。

像孙常叙先生的《楚辞〈九歌〉整体系解》，从上世纪 30 年代开始，历时 60 年才拿出来出版；何善周先生的《庄子》研究虽在上世纪 70 年代末才与读者见面（《〈庄子·秋水篇〉校注辨正》载《社会科学战线》1978 年第 1 期），到他发表在《古籍整理研究学刊》2003 年第 3 期上的《〈庄子·德充符〉校注辨正》的时候就已经有 25 年的时间；王凤阳先生的《汉字学》历经 30 年时间，几经周折才最后完成，正如他所体会到的"事非经过不知难"（《汉字学·后记》）；逯钦立先生的陶潜研究从发表于《读书通讯》1942 年第 50 期上的《陶渊明行年简考》算起，到 1964 年载于《吉林师大学报》第 1 期上的《读陶管见》的 20 多年时间里，才完成了 10 万余字的陶潜研究文稿；苏兴先生的吴承恩研究从上世纪 50 年代到 80 年代的近 30 年时间里，除了订正增修了赵景深的《〈西游记〉作者吴承恩年谱》（1936 年）和刘修业的《吴承恩年谱》（1958 年），进而做成新的《吴承恩年谱》之外，也主要是完成了 10 万余字的《吴承恩传略》；孙中田先生的《论茅盾的生活与创作》，研究对象尽管是现当代作家，孙先生也与茅盾多有交往，但也花了 20 多年的时间才出版；张人和先生 1955 年就给杨公骥教授做助手，并参与了古代文学的一些研究工作，他的《西厢记》研究，仅从 1980 年投师《西厢记》研究泰斗王季思到他出版专著《〈西厢记〉论证》，有 15 年的时间。

我并不是说，研究的时间长就必然地会产生更出色的学术成果，但《文库》中的前辈活生生的研究历程和非凡的学术成就，却真的与他们长年累月的考索探求密不可分。学术史一再地告诉我们：研究的史料钩沉不仅需要孜孜不倦的努力，还要有可遇而不可求的机缘达成，这正如胡适喜出望外地得到《红楼梦》的"程乙本"，克罗齐等待多年发现了鲍姆加登的拉丁文《美学》（*Aesthetica*）一样；同时，对研究题材深层逻辑的发现，不仅仅需要反反复复地"入乎其内，出乎其外"，还需要历经长时间的发酵，才会得其要领，发现意义，超越前人。

张松如先生评价孙常叙先生的《楚辞〈九歌〉整体系解》是"集六十年治楚辞《九歌》的心得创获，裁云缝锦，含英咀华，结成新篇"（张松如《序》）。王国维大概是最早提出《九歌》为"歌舞剧"的人，但沿其提法展开，研究者一直未见作为戏剧应有的自觉性完整结构。孙常叙先生在发现东汉王逸《楚辞章句》之后《九歌》研究中的疑点基础上，大胆反思，扎实考证，洞察到《九歌》的整体有机结构，即由《东皇太一》、《云中君》两章构成的"迎神之辞"；由《湘君》、《湘夫人》、《大司命》、《少司命》、《东君》、《河伯》、《山鬼》七章构成的"愉神之辞"；由《国殇》构成的"慰灵之辞"；由《礼魂》构成的"送神之辞"。又如在与《九歌》相关的"庄蹻暴郢"问题上，作者"一时间疑窦丛生，百思莫得其解"（《楚辞〈九歌〉整体系解·自序》），被迫暂时搁置，在迂回路线，放开视野，沉淀发酵以及对文字的精深训诂中，终获新解。逯钦立先生对陶潜的研究真可谓一丝不苟，考版本，查史籍，对陶潜诗文真伪仔细辨别，明确了陶潜研究的许多问题，于是才有他特别为学界珍重的《读陶管见》等研究论文。冯友兰先生评价何善周先生的《庄子》研究说："《庄子校注辨正》已读数则，真是前无古人。《庄子》原文费解之处一经校释，便觉文从字顺，真所谓涣然冰释，怡然理顺者。"（《冯友兰先生的来信》）又说："闻先生的及门弟子中，唯有善周能继承闻先生研究《庄子》的衣钵，后来者居上，甚至能超过他的老师。"（《何善周先生传略》）闻一多先生1946年就离何先生而去，何先生的《庄子》研究新时期才开始发表，想想这是多么长久的积淀和承继。王凤阳先生的《汉字学》系统详实地深入讨论了关于汉字的知识、理论、历史文化等方方面面，建构了迄今为止最为系统、最为详实的汉字学体系，是一部在海内外汉学中具有广泛影响的著作。它的丰富性和学术力量，主要来自于它几易其稿，历久弥新，深究细琢，最大限度地激发自己的所能，更广泛地汲取到学界新的成果。孙中田先生的茅盾研究之所以被境内境外的同行高度认同，也是作者在长期的积累过程中，从众多机缘里获得了更多的学术素材、事实和思想启示的结果。他的《论茅盾的生活与创作》虽是只有近30万字的专著，但其研究背景却是全面而丰富。关于茅盾的代表作《子夜》的讨论，在《论茅盾的生活与创作》中大体上集中在其中一节的内容里，可后来作者将这部分专门写成了一本高质量的专著《〈子夜〉的艺术世界》，先是在1990年由上海文艺出版社付梓，2014年又由中国台湾地区花木兰文化出版社再版。

《文库》的前辈作者中，大部分我都接触过，记得他们经常说起有关治学的方法、学术思想和学术价值等等，但我不记得他们谈到过治学的目的。现在想来，对他们而言，仿佛如此治学是天经地义的，学术本身就是不言自明的目的，可我们今天经常会追问"治学为了什么"，经常会有人质疑治学的现状，质疑当下的学术体制，质疑学术研究的急功近利。重读这套《文库》，让我看到了那个时代学术研究的缩影，他们把学术成果作为自我人生的目的，而不是作为手段，把学术研究活动作为某种生活的方式，而不是仅仅作为谋生的路径。时代迁移，学术的应有尺度却不会改变，当今学术界不可忽视的急功近利倾向如此普遍不应是时代的必然产物，而是另有其他的人为原因（人们多认为这个根源来自于学术体制的不当力量），警惕急功近利应是每个真正学人的长鸣警钟。

学术史是一个知识增量的过程，那些重复前人的知识是没有资格进入学术史的。我们常说，好的成果要么有史料的发现，要么有思想的发现，最好的是史料和思想都有发现，归根结底是要有发现。从前辈们的研究及其成果中，我们也许能够体会到，虽然对新的史料的发现也是一种学术价值，但一般而言史料的发现就可能会改变一种学术判断，生成一种新的学术思想，有时史料的发现又是在证明某种合理假设的过程中获得的，总之学术研究常常是综合的、复杂的，是史料发现与思想发现并存的。孙常叙先生不正是因为对王逸以后有关《九歌》研究"多所疑虑"，对"人神杂糅之解，君国幽愤之说，不能安矣"，才"尽屏旧疏，专绎白文，即辞求解，别无依附"（《楚辞〈九歌〉整体系解·自序》），对《九歌》展开了几十年的另辟蹊径的研究，从而发现了《九歌》11章的内部体系，在此基础上发现了《九歌》的创作意图和"隐含读者"。苏兴先生在遍查有关吴承恩生平和创作《西游记》的史料过程中，发现了学界认为《西游记》是吴承恩晚年创作的通行说法是有问题的，遂提出四点证据证明《西游记》为吴承恩中年时期开始创作或者完成初稿的作品，从而发现《西游记》与其他文献的具体关联，也为重新认识作品本身与作品之间的关系留下了空间（苏兴：《吴承恩传略·吴承恩的中壮年时期及写作〈西游记〉》）。在重读汪玢玲先生的《蒲松龄与〈聊斋志异〉研究》的那些天，不仅因其民间文学视角的阐释引导我看到一部别有洞天的《聊斋志异》，如同何满子先生所说："从这个角度来研究蒲松龄，过去虽也有人作过零星的尝试，但都没有系统地进行过。汪玢玲同志是专攻民间文学的，因此她从自己的专业出发，描画出了由民间文学土壤中培养出来的蒲松龄艺术的轮廓。她的努力给研究蒲松龄开拓了一个新的疆域，特别是对研究民间文学与文人创作之间的关系，提供了她的实践经验。而这种经验，首先是她选取的角度，便有助于古代作家和作品的研究工作的展开。"（何满子：《蒲松龄与民间文学》小引）而且，不由得自心底生出另一种感慨，感慨那一代人在充满不幸和挫折的人生情境中，依然在其行动中始终释放着浓厚的人文情怀。重读《蒲松龄与〈聊斋志异〉研究》，胡适的"双线文学史观"总是在我的脑海中平行地显示，因为我清楚，汪先生的民间文学情结并非仅仅是一种学术题材和方向的选择，而是其历史观和人文态度的表现，这与作为五四文化先驱的胡适们对平民文学或民间文学的敬重来自于相似的思想动力。杨公骥先生的《唐代民歌考释及变文考论》所讨论的学术题材实际上也是民间文学。杨先生从《敦煌掇琐》发现 28 首混抄在佛教劝善歌中的唐代民歌，并从出处分析、断年依据和民歌所反映的历史生活进行了有力的考释：说明了 28 首民歌所反映的唐开元、天宝时代中下层社会的真实面貌；证实了这些民歌"正史书之不当，补文献之不及"的史料价值；考论了《旧唐书》和《新唐书》的错误，以及唐开元、天宝时代社会经济崩溃、阶级斗争尖锐的真实情况（杨公骥：《唐民歌二十八篇考释后记》）。我想《唐代民歌考释及变文考论》中的论文《论开元、天宝时代的经济危机和阶级矛盾》和《论胡适、杜威的历史伪造与实用主义的文学史观》两文，当是在上述 28 首民歌的考释基础上完成的。这两篇论文尖锐地质疑了胡适的看法，鲜明地提出了不同于前人的观点。其中的思想贡献自不必说，我们也不必去讨论学术观点的孰是孰非，只是这里的基于严肃考释、敢于怀疑和挑战权威的治学精神就显然特别值得我们后学追随，因为追求真理是治学的第一原则。张人和先生在谈自己的古代戏曲研究时，曾总结了许多有效的经验，其中的两个关键词"辨别真伪"与"贵在创新"，这给我的印象十分深刻。他在出版《〈西厢记〉论证》之后，经过仔细考证，深入思考，继续发表了关于《西厢记》版本系统，《西厢记》研究史，《西厢记》效果史等高屋建瓴的成果，进一步深化和拓展了他过去的研究。王季思先生在评价张人和先生时引用了《学记》中的"善歌者使人继其声，善教者使人继其志"这句话，我想就是在喻指张先生在继承与创新上的特别表现。知识的增量正是在怀疑、证实或证伪中实现的，波普尔把"可反驳性"作为科学的核心尺度，正是告诉人们真正的知识既是反驳的结果，也是经得起反驳的结果。

就学术研究而言，无论是自觉的预期或是"无用之用"，其中都存在着某种效果的实现。学术不仅是发现新史料和新思想，还应致力于知识的传递，以及传递的效率和方法。在这套《文库》中，一部分著作是以系统的知识构成的，诸如曾任中国语文教学法学会会长的朱绍禹先生的《中学语文教学法》，罗常培先生的入室弟子李葆瑞的《应用音韵学》，曾任我校古籍整理研究所所长、中国唐史学会副会长兼秘书长的吴枫先生的《中国古典文献学》等。这些著作里虽高屋建瓴、深入浅出地讨论知识，但字里行间蕴含着对更多读者的召唤，蕴含着传递知识的方法，蕴含着教学经验。尽管这样的著作有更多的读者阅读，这里的知识有更多的学者和教师一代接一代地研究和思考，因而更新升级的速度也相对快些，但他们的学术史价值是不可磨灭的。

东北师范大学文学院创建于 1946 年，最初成立于辽宁本溪。1948 年秋，东北大学与吉林大学合并，首先设立文学院，由张松如教授任院长，吴伯箫教授任副院长。历史上，古典文学专家、中国人民解放军军歌作者、著名诗人张松如，著名中国文学史家杨公骥，著名语言学家孙常叙，闻一多先生的高足、《庄子》研究专家何善周，中国现代诗人、鲁迅研究专家蒋锡金，现代著名小说家、学者李辉英，汉魏六朝文学研究家逯钦立，早期创造社成员、现代诗人穆木天，词学家唐圭璋，明清小说研究专家苏兴，东北作家群经典作家萧军，左翼文学家舒群，中国古典文学和红学家张毕来，现代文学研究家孙中田，新中国第一代语文教学法专家朱绍禹，都曾在我院工作过。张松如、吴伯箫、萧军、舒群等均参加过延安文艺座谈会。这套《文库》只是收入了一直在文学院工作到退休的前辈学者的部分著作，我们将努力使更多前辈们的著作以新的面貌与广大读者见面。

重读前辈著作时的感动真的是言犹未尽，但我必须留一点文字来表达我对为此《文库》的编辑出版付出辛勤汗水的各位同仁的深深敬意。李洋院长一直作为编委会的前线推动者，为《文库》的编辑出版工作付出了非凡的努力，可以说没有他的付出，《文库》出版不会有如此效率和效果；解玲、王春雨、王军等老师为出版前的版权、编务等工作不厌其烦，辛勤工作；许多老师不辞辛苦，在肩负着繁重的科研、教学和其他任务的情况下，优先安排自己的时间来推进书籍的编辑工作，他们分别是：张世超、刘雨、付亚庶、苏铁戈、李德山、高长山、黄季鸿、宋祥、徐鹏等老师。在此，一并对他们的忘我工作致敬。

请允许我代表《文库》编委会特别感谢庞立生处长和社科处的同志们，感谢他们对《文库》出版计划的肯定，感谢他们在《文库》的编辑出版工作上给予的智慧和资金上的大力支持。

我还要代表学院特别感谢中华书局的申作宏编辑，他为《文库》的出版多次专程从北京来长春，商讨和处理出版前的各种问题，感谢他能以严谨认真的态度推进《文库》的出版工作。

《文库》真的要问世了。当我们这些后学的期待将要实现的时候，那种心情的确无法用喜悦能够释放出来。我们对《东北师范大学文学院学术史文库》的辉煌出版，翘首以盼。

在我这篇拙文准备收笔的此时此刻，前辈的学术生活在回忆和想象中仿佛历历在目，于是，耳畔萦绕着一种越来越强烈的声音，尽管我知道这声音原本是说给君主的治天下之道，但细细倾听，反复想来，直面当下学人学术，倒是深觉这声音亦是引学人和学术去光明之处的呼唤。如此，我不妨把这并不陌生的声音录在这里，与大家分享："非澹薄无以明德，非宁静无以致远，非宽大无以兼覆，非慈厚无以怀众，非平正无以制断。"（《淮南子·主术训》）

王　确

2015 年 4 月 26 日　于北海新居

目　录

《庄子·逍遥游》解歧

其名为鲲

鲲，《释文》："大鱼名也。"《诗·齐风·敝笱》："其鱼鲂鳏。"《毛传》："鳏，大鱼。"《孔丛子·抗志》："卫人钓于河，得鳏鱼焉，其大盈车。"鳏也是大鱼的名字。鳏、鲲同属见纽，古音同在文韵（鳏《齐风·敝笱》与云韵），是鳏与鲲同。唯《尔雅·释鱼》说："鲲，鱼子。"郭璞注："凡鱼之子总名鲲。"《国语·鲁语》："鱼禁鲲鲕。"韦昭注："鲲，鱼子。鲕，未成鱼。"明罗勉道《南华真经循本》、杨慎《庄子解》、方以智《药地炮庄》，清郭庆藩《庄子集释》、王先谦《庄子集解》，近人胡远濬《庄子诠诂》等都以鲲为鱼子，或小鱼之名，并言庄子用为大鱼之名，寓以小为大之意。各家都以鲲为鱼子，与《尔雅》同。《尔雅》搜集上古词汇，误以鲲为卵的本字。鲲可用为卵的假借字，朱骏声的《说文通训定声》"鳏"字注已指出。《礼记·内则》："濡鱼卵酱实（置）蓼。"郑玄注："卵读为鲲。鲲，鱼子，或作䰙也。"《礼记》不误，郑玄注亦误鲲为卵，把鲲作为"鱼子"的专用字，但却指明了卵鲲读音相同。卵上古是复辅音（﹡gl-），故卵、丸相通。《吕氏春秋·本味》:"流沙之西,丹山之南,有凤之丸。"高诱注:"丸古卵字。"丸古音属匣母,上古声母当为 * g-。鲲丸卵声通韵近,鲲也可借为卵。作鱼子解的,应是卵字,它的本字不是鲲。作为大鱼解的才是鲲的本义,不得混同。见母昆(* kwən)音的字多有大义,王念孙《释大》(罗振玉辑《高邮王氏遗书》):"大鱼谓之鲲,大鸡谓之鹍,兄谓之昆。"又"大鱼谓鲧,鲧鲲鳏声义相近,故大鱼谓之鲧,亦谓之鲲,亦谓之鳏。"这一意义的鲲只是大鱼,不得同时释为"鱼子"。罗勉道以来以北冥的"鲲"为鱼子,言《庄》文为以小寓大,是混淆词义后的推臆之辞,不可信从。

怒而飞

怒是写鹏起飞时张开翅膀抖起羽毛的姿态。成玄英《南华真经注疏》"鼓怒翅翼,奋迅毛衣",即描写大鹏鸟"怒而飞"的姿态。林云铭(西仲)《庄子因》:"怒即怒喝怒生之怒,乃用力之意。"蒋锡昌的《庄子哲学·逍遥游校释》则读怒为努,解为努力。吴世尚《庄子解》说:"怒字妙,所谓动而有为也。林西仲不作喜怒怒字,极是;然亦不可作用力解也。"怒是大鹏起飞时张翅抖羽的形象描写,犹如雄鸡相斗时抖起颈毛,鼓击翅翼的姿态。

海运则将徙于南冥

运是浑即滚的假借字。闻一多先生《庄子内篇校释》:"运读为浑。《太玄·莹》'用浑历纪',范《注》曰'运也',又《玄首》'浑行无穷'即运行。《类聚》一引《浑天仪》曰'天转如车毂之运',是浑天即运天。此皆以浑为运。本书又以运为浑。……水流亦谓之浑。《荀子·富国篇》'则财货浑浑如泉源'，杨《注》曰'浑浑，水流貌'，《广雅·释训》曰'浑浑，流也'。今字作滚。(……《集韵》"滚同浑"……)俗呼沸水曰滚水。《博物志》三曰：'九真有神牛，乃生溪上，黑出时共斗，即海沸。'《御览》九四七引《符子》曰：'遇长风激浪，崇涛万仞，海水沸，地雷震。'曹植《大暑赋》曰'山坼海沸'……海浑(滚)犹海水沸，谓狂飙大作，海水沸腾，今所谓海啸是矣。……旧读运皆如字，又以海运为鹏因海以运，胥失之。"运(* gjwən)浑(* kwən)音近，浑、滚(* kwən)音同，可以假借。宋林希逸《庄子口义》："海运者，海动也。今海濒之俚歌，犹有六月海动之语。海动必有大风，其水涌沸自海底起，声闻数里。言必有此大风而后可以南徙也。"林氏所说的正是海啸时的情景。海啸来时海水沸腾，大风并起，大鹏趁此风势起飞南徙。但仍释运为动，说海运即海动，不知运是滚的假借字。今人多释海运为海上运行，更为牵强不通。

水击三千里

击读为激。《列子·汤问》"以激夹钟"，殷敬顺《释文》："激音击。"《淮南子·齐俗训》"水击则波兴"，王念孙《读书杂志》云："水击当为水激，声之误也。《群书治要》引此正作激。《氾论训》亦云'水激波兴'。"(庄逵吉《淮南子笺释》即据《群书治要》径改击为激。)可证本文"水击"亦当读为"水激"。《汉书·王莽传》"敢为激发之行"，师古曰："激，急动也。"《后汉书·班固传》"不激诡"，注："激，扬也。"《诗·王风·扬之水》毛《传》："扬，激扬也。"急动与扬义相因，水激即水扬。鹏鸟体大，起飞时两翼搧击水面，水波扬起及三千里。《释文》引崔云:"将飞举翼,击水踉跄也。"是将"水击"解为"击水",成玄英疏和后人注释多从之。此解状鹏鸟起飞时的形象尚切合,但倒"水击"为"击水",和本文词序不合,《庄》文尚无此例。慧琳《一切经音义》八七、《太平御览》九二七引并作激,李白《大鹏赋》"激三千以崛起",亦系引用此文,并作激。且"水激"一语,屡见它书,故当以王氏校《淮南》为比证,释水击为水激。《太平御览》六十引作"击水三千里",是因历来注解而改《庄》文,非是。

搏扶摇而上者九万里

《释文》:"搏,徒端反。"《文选·吴都赋》李善注、谢宣远《于安城答谢灵运诗》李善注、谢灵运《初发石首城诗》李善注、江文通《杂体诗:阮步兵咏怀·张廷尉杂述》李善两注,曹子建《七启》李善注引并作抟(引自闻一多先生《庄子内篇校释》)。又《文选》范彦龙《古意·赠王中书诗》李善注亦引作抟。《释文》:"一音博。崔云'拊翼徘徊而上也'。"刘文典《庄子补正》:"《艺文类聚》九十七、《白帖》二、《御览》九引抟作搏,与《释文》一本合。"章太炎《庄子解故》:"字当作抟,崔说得之。《考工记》注'抟之言拍也'。作搏者形误,风不可搏。"《说文》:"抟,圜也。"段注言据《韵会》所引当作"抟,以手圜之也",《通俗文》"手团曰抟"(见《玉函山房辑佚书》),是以手团物使圆为抟。《尔雅·释天》:"扶摇谓之猋。"猋当写作飙。又"回风为飘",郭璞注:"旋风也。"《诗·小雅·何人斯》毛《传》:"飘风,暴起之风也。"飙、飘音同,飘风即飙风。《广雅·释诂》四:"飙,风也。"王念孙《疏证》:"飙者,扶摇之合声也。"现代广东客家话扶摇快读仍可拼作飙。《尔雅义疏》引孙炎曰"回风从下上曰猋"。是猋即暴烈的旋风。刘武《庄子集解内篇补正》："鹏亦随风势圜转而上飞，所谓抟也。章炳麟谓'字当从搏，崔说得之'，不知搏者拍也，抟亦有拍义，于义较完，不须从搏也。"所谓搏于义较完，是说搏有圆转义，而搏只是拍。"抟扶摇而上"是鹏鸟两翅拍拊着旋风，像抟物的样子，同时身体随着旋风上旋之势而升上高空。这里的抟，正表现出《庄》文修辞的形象性特色，不得改为搏字。

去以六月息者也

去，离开。以，介词，表凭借的关系。息，气息，这里指风。古人以为风是大地的气息。《齐物论》："夫大块噫气，其名为风。"释德清《庄子内篇注》："六月，周六月，即夏之四月。谓盛阳开发，风始大而有力，乃能鼓其翼。息即风也。"蒋锡昌《庄子哲学·逍遥游校释》："《庄子》'息'字共有二谊，一谓风，一谓气。此'息'自指风而言。……《大宗师》'古之真人……其息深深；真人之息以踵，众人之息以喉'；则指气而言。释德清谓六月之风始大而有力，此为《庄子》用'六月'之本意。下文'风之积也不厚，则其负大翼也无力'，可证。'去以六月息'，谓鹏鸟须乘六月中之大风，始能去也。郭注'夫大鸟一去半岁，至天池而息'；解'六月'为'半岁'，'息'为'休息'均误。"蒋锡昌解释"去以六月息"至为详尽确切。但自晋郭象误注以后，直至今人，袭用郭氏误注的很多。综合考察郭氏致误的原因，约有五事：一、"去"的上古意义是离开，不是"往……去"的意思，和后代的意义大不相同。郭象已把这里的去作"往（南海）去"

理解，和上古"去"的意义也即《庄》文的原意不合。二、介词"以"表凭借的关系，和"六月息"构成一个介宾词组，言鹏鸟凭借六月的大风离开北海，若依郭注，介词"以"的关系则无所属。三、上文已引《庄子口义》，言海滨俚歌六月有大风，海水涌沸，鹏鸟乘此海啸起时的大风乃可南徙。六月息，即海滨人民所说的六月的大风。《庄》文和海滨的传说相吻合，郭注则反是。四、下文有"野马也，尘埃也，生物之以息相吹也"，"生物以息相吹"和鹏鸟"去以六月息"，都是"以息"。一是用生物之息——气，一是凭天地之息——风，不论鹏鸟和尘埃，都得有所凭借，这正是下文所说的"犹有所待者也"。庄子所设的例证正是要说明这一结论的。若依郭注，上下文的意思便不相贯通。五、郭注说："大鸟一去半岁，至天池而息；小鸟一飞半朝，抢榆枋而止……其适性一也。"小鸟的"抢榆枋而止"和"控于地"是和上文的"搏扶摇而上九万里"，下文的"九万里而南"相连属、小大相对比的。"去以六月息"是和"以息相吹"大小相对比的，在意义上和"抢榆枋而止"并没有直接的关系，文理至明，郭氏所说的并提对比是错误的。郭氏把庄子的大小都"有待"曲解为大小都"适性"，错乱了《庄》文的语言关联和思想脉络，故有此误。

野马也，尘埃也

野马，空中飘荡的尘埃。每当日光透过窗棂时，往往见到无数细微的尘埃，像野马一般，在日影里动荡不停，这里的野马即指空中飞荡的尘埃。尘埃，尘土。古义扬起的土叫尘，尘细的为埃。历代注解家多以野马为出现在田野低洼地带的游气，并认野马和尘埃为二物。这是由于没有了解这一句中的句法关系，而且忽视了古代诗歌中所吟咏的事实而造成的。王叔岷《庄子校释》："《艺文类聚》六引'野马也'作'野马者'，吹下有者字。会注本《史记·留侯世家》正义引'野马也'，也亦作者。《一切经音义》九野马下云：'案《庄子》所谓尘埃也。'《白帖》一引云：'野马，动尘埃也。'似所据本也并作者。则野马、尘埃乃是一物，故古人多以野马为尘埃。如元稹云：'野马笼赤霄。'吴融云：'动梁间之野马。'韩偓云：'窗里日光飞野马。'皆其例也。沈括《梦溪笔谈》三辨野马尘埃为二物，盖不知古本'野马也'有作'野马者'者耳。""野马也，尘埃也"，原是一个判断句，更证明野马即尘埃是无可置疑的。《艺文类聚》引"野马也"，把也改为者，便成了判断句的典型结构，意义更为明确。但判断句的主语后面，也可用语气词也，也等于者。概观《庄》文飘逸迭宕的风格，这里本字仍当是"也"，不是"者"，"者"是后人引录时根据文意更改的。

钱坫《说文解字斠诠》卷十三塺字注说："《庄子》'野马'字当作此。"《说文》："塺，塵也。"塺，明母灰韵，上古音在段玉裁《六书音韵表》第十七部。马，明母马韵，上古音在段表第五部。塺、马声同韵通，仅就语言而言，马可借为塺。但古籍中未见以"野塺"为词的，况且"野塺也，尘埃也"，词叠义复，《庄》文尚无此例。钱氏只就一字为训，没有顾及词和句的意义，故有此误。

生物之以息相吹也

对于这一句的解释，历来众说纷纭。成玄英注疏对后

代的注解影响最大。成疏视野马、尘埃、生物为三种没有
关系的东西，解"生物以息相吹"为"天地之间，生物气息，
更相吹动"。释德清的《庄子内篇注》、王先谦的《庄子集解》
和刘武的《庄子集解内篇补正》都沿袭成疏，今注亦有从之
者，这都因没有弄清这个句子的语法结构。"野马也，尘埃
也，生物之以息相吹也"，是一个包孕着两个子句的判断
句。"野马也，尘埃也"在这个大句中是一个子句，用作主
句；"生物之以息相吹也"这个子句，用作大句的谓语。语
法结构明白了，句子的意义自然就释然了。历来对"生物"
也有异辞。王夫之《庄子解》王敔增注以"生物"为造化，高
秋月的《庄子释意》和王注相同。蒋锡昌的《庄子哲学·逍遥
游校释》说"'生物'者，活动之物，即'野马'、'尘埃'之
类"，都是错误的。《庄子》一书中的"生物"都是对死物说
的。《庄子内篇注》"言世之禽兽虫物"是正确的。闻一多先
生《庄子内篇校释》说："野马尘埃与生物必为二事。《人间
世篇》曰'汝不知夫养虎者乎？不敢以生物与之，为其杀之
之怒也'，生物者死物之反也。本篇生物义同，故能以息
吹。野马尘埃为土耳，焉得为生物者？……'以息相吹者'
吹之者生物，被吹者野马尘埃也。此言野马尘埃，亦物之
能飞者，然必待生物以口吹嘘之，而后能飞，以喻鹏飞亦
必待大风海运（浑）而后能举其体。然二者所待大小不同。
生物一息之吹，野马尘埃即因之以浮游，所待者小，体小
故也。鹏非大风海运，不能自举，所待者大，体大故也。
本篇屡以小大对照，此亦宜然。"闻师的解释，明确了生物
的意义，阐发了《庄》文的思想。至于郭注言野马、尘埃、

生物，"此皆鹏之所冯以飞者"，更是龃龉之谈，不须驳辩了。上条中所引《艺文类聚》吹下有者字。吹字前面已有代词性副词"相"，吕叔湘先生说："用此相字则宾语可以从略，且非从略不可。"（见吕叔湘《汉语语法论文集·相字偏指释例》）所以根据语法和《庄》文风格，吹下不应再有者字。者字显系后世《艺文类聚》等书抄引时臆加上去的。

背负青天而莫之夭阏者

莫，没有东西。之，人称代词，指鹏；用作提前宾语。夭阏（è），联绵词，阻拦。夭，閼的假借字。《集韵》："閼，隔也。"阏，《淮南子·俶真训》作遏，阏遏通用。屈复《南华通》"夭阏，阻隔也"。关于"背负青天"的断句，历来意见分歧。《释文》"一读以背字属上句"，读为"而后乃今培风背"。奚侗《庄子补注》："《释文》一读是也。'培风背'与'负青天'相对。下文云'绝云气，负青天'，句法与此相类。"马叙伦《庄子义证》断句和奚氏相同。细读上下文，可知奚、马的断句是错误的。《庄子集解内篇补正》说："此背字，承上'鹏之背不知其几千里也'之背字来，其为鹏之背而非风之背明矣。"下文更有"其名为鹏，背若泰山"，前后背字都指鹏的背，中间忽出风背，和上下文意不一致，所以这里的"背"当属下句。

抢榆枋[而止]

《庄子补正》："'而止'二字旧敚，今据碧虚子（陈景元《南华真经音义》卷一）校引文如海本、江南古藏本补。《文选》江文通《杂体诗》注、《御览》九百四十四引亦并作'抢榆枋而止'，与文本、江南古藏本合。"抢，各本作枪，枪抢义同。《说文》段玉裁注：“枪者，谓抵触也。”《集韵》：“抢，突也。”成玄英疏：“突榆檀而栖集。”已解抢为突。突即今语突击的意思。今人注解为“突过”或“超越”是错误的。枋字下原有“而止”二字，更不得解为突过和超越。小鸟群飞近树丛时，习惯奋力突击而去，有的用力过猛，至落上树枝时，身躯前倾，这种突击而飞的动作即“抢”。榆枋，王闿运《庄子注》、武延绪《庄子札记》都说当作榆枌；《庄子义证》从其说，言枋枌声通，形亦易讹。但遍考经传只有枌榆，从来没有作榆枌的。《说文》：“枌，枌榆也。”段玉裁注：“各本少枌，浅人以为复字而误删之。枌榆者，榆之一种，汉初有枌榆社是也。”《史记·封禅书》和《汉书·郊祀志》都记汉高祖“祷丰枌榆社”的事。枌榆又可单说作“枌”。《诗·陈风·东门之枌》毛《传》：“枌，白榆也。”是枌榆即白榆，榆的一种。所以枌榆原是一个专名词，倒作榆枌则不成词。况春秋战国时代黄河流域尚多檀树，《诗·魏风》有《伐檀》可证。枋不可妄改为枌。

奚以之九万里而南为

俞樾《诸子平议》引《文选》注，《庄子义证》引《御览》九四四都说“而”下当有“图”字。不知“南”在这里用作动词，是“向南去”的意思，语意已足，图反是赘文，不得以上文“而后乃今将图南”妄推本句也须有“图”字。

适莽苍者，三飡而反，腹犹果然

飡当为餐。飡是飱的俗体。《说文》以飱为餐的重文，俞樾已辨其非。俞氏认为飱当是飧的重文，读为孙，是水浇饭的意思（详见俞氏《儿笘录》）。

关于"三餐"的解释，历来众说纷纭。成玄英疏说"往于郊野，来去三食，路既非遥，腹犹果然"，是以"三食"解三餐。《庄子口义》说："莽苍者一望之地，莽苍然不见。我欲适之，不过三饭，而腹犹果然。"是三餐即"三饭"。《庄子内篇注》说："如往一望之地，则不必畜粮，一饭而往返尚饱。"是解三餐为"一饭"。《庄子南华经解》说："三飧（宣改湌为飧，误，详下）言饭三盂。"《庄子因》说："有一日之食，可以充饥。"《庄子集解》说："三餐犹言竟日。"关于三餐即三饭说，金景芳同志在《释"二南"、"初吉"、"三湌"、"麟止"》一文（载《文史》第 3 辑）中有所论述。他根据《礼记·曲礼》"三饭主人延客食胾"孔颖达疏"三饭谓三食也，礼食三飧而告饱，须劝乃更食"，和《诗·郑风》"使我不能餐兮"，《魏风》"不素餐兮"的注疏，谓饭犹食，食犹餐，餐同飧，认为本文的三湌即《仪礼》、《礼记》的"三饭"，即礼经所记的先秦士大夫阶级在婚、丧、食礼中的"三饭告饱"的"三饭"，也就是贾公彦《仪礼·少牢馈食礼》疏所说的"三把饭""三口饭"。全文论列颇详，但可议之处甚多。

礼经所记的"三饭告饱"的"三饭"，是春秋时代至战国前期贵族们在婚丧、祭祀以及食礼的宴席上的礼节仪式。古人吃饭用手抓，一把一口，所谓礼仪中的"三饭"，即三把饭，也就是三口饭。贵族们平日吃饭，并不而且也不可能每餐都以"三饭"为限的（《太平御览》八五〇引《列子》佚文和《晏子春秋·外篇》记载楚灵王好细腰，臣皆以"三饭"为节，朝中多饿死人）。庄周家贫，曾经靠打草鞋为生（见《庄子·列御寇篇》），并向监河侯借过米（见《外物篇》），有一次去见魏王，还穿着打着补丁的布衣和绑着麻披子的破鞋（见《山木篇》），而且他和他的弟子们都极力反对儒家所奉行的礼仪，向来不以任何礼仪作为自己生活的规范。《礼记·礼器》说"天子一食，诸侯再，大夫士三，食力无数"，郑玄注："食力，谓工商农也。"工商农吃饭并不限数，吃饱为止。从庄周的生活地位和思想情况来判断，他的笔下的"三餐"不可能是儒家礼经中的"三饭"。

成玄英疏解三餐为三食，《口义》解为三饭是正确的。这里的三食、三饭，即三顿饭的意思。礼经的"三饭"是个只限于特定场合的特定意义的词，不可以彼特定意义概释它书。如《战国策·齐策》四："士三食不得餍，而君鹅鹜有余食。"《史记·廉颇传》："一饭斗米，肉十斤。"所谓"三食"、"一饭"，即今言之三顿饭、一顿饭。

金景芳同志又以"莽苍"指近郊十里的地方，意思是说十里往返，不须吃三顿饭。庄周家乡当今豫东平原。平原地区，十里远近，房树可见，何言"莽苍"？庄周未言里程，不可臆断，只就文意而论，明说莽苍的郊野地方，来回不过三顿饭，言当天就可返回，且不必搭黑，回到家时肚子还是饱饱的。就其文意，按之平民们生活中的实际情况，至切至明，不必孜孜于古礼中求释。至于《经解》释三餐为"饭三盂"，也是由于误解三餐为三饭，盖以为三口饭不足饱，因而臆改为"三盂"。言而无据，不可信从。反观《庄子因》和《集解》的注释，虽不很切合，还不太乖原意，所以今注从之者较多。（关于"三餐"非"三饭"的详细辨析，请参阅《河北师范学院学报》1981 年第 3 期拙作《"三餐"是"三饭"说商兑》）

朝菌不知晦朔

《淮南子·道应训》引此"朝菌不知晦朔"。王念孙《读书杂志余编》说："今本《淮南》作朝菌，乃后人据《庄子》改之。《文选·辩命论》注及《太平御览·虫豸部》六引《淮南》并作朝秀，今据改。《广雅》作朝蟒。高注曰：'朝秀，朝生暮死之虫也，生水上，状似蚕蛾，一名孳母。'据此，则朝秀与蟪蛄皆虫名也。朝秀朝菌，语之转耳，非谓芝菌，亦非谓木槿也。上文云'之二虫又何如'，谓蜩与学鸠，此云'不知晦朔'，亦必谓朝菌之虫。虫者，微有知之物，故以知不知言之，若草木不知之物，何须言不知乎？"《庄子集释》说："王说是也。《广雅》作朝蟒，以其为虫名，故字从虫耳。"

闻一多先生《庄子义疏》说："朝菌亦虫名，即朝蟒也。知之者，司马、崔并以菌为芝，而《楚辞·九歌》'采三秀兮于山间'，王《注》曰：'三秀谓芝草也。'虫名曰秀，一曰菌者，犹草名曰菌，一曰秀也。《尔雅·释草》'渟灌、茵芝'，郭注曰：'芝，一岁三华瑞草。'《类聚》引茵作菌。《列子·汤问篇》亦曰'朽壤之上有菌芝者'，是茵芝即菌芝。茵秀音近，虫名曰秀一曰菌，又犹草名曰菌一曰茵也……又《淮南》朝秀，朱骏声疑即蜉蝣，其说甚是。《尔雅》茵芝即秀芝，而《说文》游从汗声，汗重文作泅。蜉蝣一曰秀（茵），犹汗一曰泅耳。"

根据李方桂先生的《上古音研究》，秀的声母是个有 s 词头的舌根音 k，李先生的拟音是 *ksjəgwh，《切韵》音变为 sjəu（见李方桂《上古音研究》第 90 页）。而菌属群母轸韵，上古音构拟是 *g'jwən。这样，秀菌声母相近，主要元音相同，就有了通转的可能。王氏已谓朝秀、朝菌一语之转，但未及详言。盖《庄》文原为朝秀，《淮南》引《庄》亦作朝秀；后《庄》文改秀为菌，注家且多以菌类植物注之；《淮南》随《庄》也改秀为菌，但高诱注不误，今当以王校《淮南》为准。朱骏声疑朝秀即蜉蝣，闻师更以谐声偏旁证之，朝秀即蜉蝣，已无可疑。

汤之问棘是已

闻一多先生《庄子内篇校释》："此句与下文语意不属，当脱汤问棘事一段。唐僧神清《北山录》曰：'汤问革曰："上下四方有极乎？"革曰："无极之外，复无极也。"'僧慧宝曰：'语在《庄子》，与《列子》小异。'案革棘古字通，《列子·汤问篇》正作革。神清所引，其即此处佚文无疑。惜句多省略，无从补入。"先生所论极是，当照补"汤问革曰"以下三句。棘革上古音同，今语方言中棘还有读革音的，河南省称棘刺为"革（棘）针"，即是一例。

搏扶摇羊角而上者

《释文》："司马云'风曲上行若羊角'。"是羊角原为名词，以风的形状如羊角而得名。闻一多先生《庄子内篇校释》："'羊角'亦谓鸟飞旋回而上之状如羊角，非鸟所乘风之名也。"又说："谓其以风名扶摇羊角者之状状鸟飞也，亦无不可，独以二者为鸟所乘之风，则误副词为名词，按之语法，为不可通耳。"旧注皆以羊角用为名词，马叙伦《庄子义证》更说："扶摇、羊角均为回旋之风，疑羊角是古注文，误入正文，《音义》独引司马之说，疑崔、李诸家无之。"马氏不明羊角在这里是名词用作状语，故有此误疑。

绝云气

《说文》："绝，断丝也。"《广雅·释诂》一："绝，断也。"《史记·天官书》"后六星绝汉"，《正义》："直度曰绝。"《山海经·海内东经》"济水绝巨鹿泽"，注："绝犹截渡也。"绝本义为断丝，用为一般的断义，由断而引申为直度，截渡。"绝云气"即直度云气，也就是一直向上穿过云气。《庄子口义》言"绝云气者，言九万里以上更无云气"，把绝释为"尽"，为"无"。今人则解为"超越"，言"鸟之高飞，超过了云层"（见《先秦文学史参考资料》）；或解为"凌越，指在云上"（见《历代文选》），都是错误的。王力先生主编的《古代汉语》《逍遥游》注为"直上穿过"，是极为确切的解释。

斥鷃

《庄子集解》说："斥、尺古字通。《文选》曹植《七启》注：'鷃雀飞不过一尺，言其劣弱也。'正释尺之义。"今人注解也多从郭说（见《庄子集解内篇补正》、《先秦文学史参考资料》等）。《释文》："司马云：'小泽也，本亦作尺。'崔本同。简文云：'作尺非。'"《广雅·释地》："斥，池也。"《疏证》："《文选·西京赋》：'游鹢高翚，绝阬（同坑）踰斥。'阬、斥皆泽也。《庄子·逍遥游篇》：'斥鷃笑之。'司马彪注云：'斥，小泽也，本亦作尺。'《淮南子·精神训》：'凤凰不能与之俪，而况尺鷃乎？'《新序·杂事篇》：'尺泽之鲵，岂能与之量江海之大！'尺并与斥同。鷃在斥中，故曰斥鷃，作尺者假借字耳。"斥、尺并为池的假借字。斥、尺古音在穿母昔韵，池在澄母支韵，声通韵转，可以互借。《文选·西京赋》阬、斥对举；《新序·杂事篇》斥、泽连文，且与江、海相对。阮斥即坑池，斥泽即池泽，所以斥鴳即池鴳。郭氏以尺为本字，言尺鴳飞不过尺，无视下文的"我腾跃而上，不过数仞而下"。这是一般训诂家每拘泥于一词一字之见，而不顾全文之弊。

而征一国者

而，连词。征，取信。《庄子集释》说："而字当读为能。"今注亦多从郭说。《庄子集解内篇补正》说："郭说未免穿凿。官，职位也，与乡国对；君则国之君也。'而'应如字读。德字统君与国言，中以'而'字连属成句。就狭义言，德合于一君；就广义言，德见信于一国也。且本篇所重在道与德，而不在能；又'知效一官'即含此义，无庸读而为能，添此蛇足也。"刘说甚是。上文已言人的才智、行为、道德，才、行、德已经具备，不必更重复地举出"能"来；况庄子书中，以能为末技，不会摆在德之上的，郭读而为能，显系妄说。后人不辨是非，盲从郭说，并误。

宋荣子犹然笑之

宋荣子，宋人，战国时代的思想家，生当齐威王、宣王时代，曾游齐国稷下。《天下篇》称宋钘，《孟子·告子》下称宋牼，《韩非子·显学》也称宋荣子。荣、牼、钘声近，韵属耕类(荣，喻母三等，上古归群母，钘为匣母，牼为溪母，同属见系)，故三字所指实为一人。《荀子》中《天论》、《解蔽》等篇及《汉书·艺文志》都称宋子，与尹文齐名。《天下篇》曾论及其学说。

《释文》："崔、李云：'犹，笑貌。'"《说文》："喁，喜也。"《尔雅·释诂》："繇，喜也。"犹、繇都是喁的假借字。

17

犹又可写作逌、攸。犹然又作逌尔。《文选》班固《答宾戏》：
"主人逌尔而笑。"李善注："项岱曰：'逌，宽舒颜色之貌，
读作攸。'"所以，犹然而笑，意即宽缓舒展而笑的样子。
《释文》"谓犹以为笑"，成玄英疏"犹然，如是"，并非。

举世（而）誉之而不加劝

陆长庚《南华真经副墨》和宣颖《庄子南华经解》此句和
下句都无前一而字，而在这里是赘文，当从删。今人解而
为若，是强为之说，不可从。

定乎内外之分，辨乎荣辱之境

《庄子集解内篇补正》："心，内也。誉与非，外也。内
心有主而不为外所动，即所谓'定乎内外之分'也。不以誉
为荣而加劝，不以非为辱而加沮，即所谓'辨乎荣辱之境'
也。"《庄子口义》："盖知本心为内，凡物为外，故曰定内外
之分。在外者则有荣辱，在内者则无荣辱；知有内外之分，
则能辨荣辱皆外境矣。"《天下篇》说宋子"见侮不辱"，即是
能"辨荣辱之境"；认荣辱皆外物，和内心无涉，即是"定内
外之分"，故心不为外物所动。

彼其于世未数数然也

《释文》引简文云："数数，谓计数。"王先谦《庄子集解》
从简文注："言不数数见如此者也。"意思是说像宋荣子这样
的人，世上还是不多见的。阮毓崧《庄子集注稿本》、《庄子
哲学·逍遥游校释》和《先秦文学史参考资料》都从王说，这
是值得商榷的。《释文》："数数，犹汲汲也。"《庄子集解内
篇补正》说："荣子于世未尝汲汲也。世之所重者，惟功与
名。荣子之于世未数数然者，即不汲汲以求世之功与名也。

然如列子，则并功与名之心而无之，又高荣子一等矣。此亦小大之辨也。《淮南子·俶真训》：'是故举世而誉之不加劝，举世而非之不加沮，定于死生之境，而通于荣辱之理……视天下之间，犹飞羽浮芥也。孰肯分分然以物为事也？'（刘氏引文系依今本，据吴承仕《淮南旧注校理》分分当为介介，形近而误。）足证本义。分分（介介），犹数数也。"高注"分（当为介介）犹意念之貌"。数借为速（见《说文通训定声》）。《尔雅·释诂》："数，速也。"《礼记·祭义》："其行也趋趋以数。"郑玄注："趋读如促，数之言速也。"又《乐记》："卫音趋数烦志。"郑玄注："趋数读为促速。"所以数数即速速，即促疾，也即汲汲、孜孜。《释文》引崔云"迫促意也"是正确的。介介犹耿耿（吴氏引《后汉书·马援传》李注），耿耿即思虑的意思，正与高注"意念之貌"相应。介介和数数意义不完全相同而所指事类却相同。《集解》释为数目，今人释为频常，于上下文意扞格难通，且与《庄》文本意不合。

彼于致福者

"致福"，是古代常用词。《周礼·天官·膳夫》："凡祭祀之致福者，受而膳之。"《夏官·祭仆》："凡祭祀之致福者，展而受之。"《春官·家宗人》："凡祭祀，致福。"《礼记·少仪》："为人祭曰'致福'。"也可泛称为他人谋福利为"致福"。《韩非子·解老》："慈母之于弱子也，务致其福。务致其福，则事除其祸。"（参看闻一多先生《庄子义疏·逍遥游》）致，使……至，致福，等于说求福，不论为人为己求福都可以说"致福"。上文所说宋荣子重内轻外，辨荣辱，实际仍在为自己求福。这句和下句是说列子又超越宋荣子一等。章太炎《庄子解故》释福为备，说："备者，百顺之名也。无所不顺谓备。此福即谓无所不顺。御风者，当得顺风乃可行。"《庄子义证》亦释福为备，又解备为具。今人注解有从章说，解作"列子御风无往而不顺"的（见《先秦文学史参考资料》），但把这一解释放在文句之中，则迂曲难通，且与《庄》文原意不合。这里仍是在举例说明"小大之辨"。鹏和斥鴳，是"小大之辨"。宋荣子的定内外，辨荣辱，为自己求福；列子御风而行，飘飘然善，忘却了个人的祸福，此又一"小大之辨"。《南华真经副墨》说："彼其乘虚御气，视世之数数然修德以致福者，固有间矣。虽然能离乎地，而犹待于风也。"已谈及"御风"和"致福"的差异，但还未说出"致福"即指上文宋荣子之行。马其昶《庄子故》说"致福谓上辨荣辱"，是符合文意的。

若夫乘天地之正，而御六气之辩

《庄子内篇注》："正，天地之本也。"《庄子哲学·逍遥游校释》："'天地之正'与《在宥》'天地之精'，《天道》'天地之平'，'天地之德'，《刻意》'天地之道'，《秋水》'天地之理'，《徐无鬼》'天地之诚'，《天下》'天地之纯'诸文，词异谊同，皆指天地之道而言。'乘天地之正'与《徐无鬼》'乘天地之诚'，《山木》'乘道德'词例一律。《天道》：'夫虚静恬淡，寂寞无为者，天地之平，而道德之至。'此乃'天地之正'最佳最详之解释。"由此看来，所谓"天地之正"即天地之本，也即天地之道。主观上与道合一，虚静恬淡，寂寞无为，即可以从精神上解脱宇宙间一切客观的束缚，无需依赖和凭借；不受任何限制，独与天地精神往来，无往而不逍遥自得。这种精神状态，即是"乘天地之正"。《庄子内篇注》说："彼圣人乘大道而游，与造化混而为一，又何待乎外哉？"所以"乘天地之正"是一种精神境界，即主观的精神状态。郭象注却说："天地者万物之总名也。天地以万物为体，而万物必以自然为正。自然者不为而自然者也。夫大鹏之能高，斥鴳之能下，椿木之能长，朝菌之能短，凡此皆自然之所能，非为之能也。不为而自能，所以为正也。故乘天地之正者，即是顺万物之性也。"这是对于"乘天地之正"的盲昧和歪曲。大鹏飞虽高，仍有空间的限制，何况斥鴳？大椿年寿虽长，仍有时间的限制，何况朝菌？大鹏、斥鴳；大椿、朝菌，只是大小之别，都不能超越时空的限制，而进入逍遥之境。这是庄子所不取的。郭象则认为它们各适其性，各安其能，便可逍遥自得，乖离庄意太远。所谓"顺万物之性"，心中还得有个"万物之性"，便不能超越时空，解除一切客观条件的制约，而达到精神上的绝对自由。"正"和下文的"辩"是对文，辩即变，变化。"正"是不变的。道则是永恒不变的。"乘天地之正"，与道合一，则达到永恒不变的虚静境界。"顺应自然之性"必得顺应自然千变万化的状态，这和"乘天地之正"的精神状态正相反。郭象为适应他的"安时顺处，夷神委命"的人生哲学，故曲为之解，与《庄》文原旨不合。今注多从郭注（见《先秦文学史参考资料》），甚至有把"顺应自然"解为"顺应事物的规律"的。顺应规律必"有所待"，则背离原意更远。这是给唯心主义披上了唯物辩证法的外衣。

六气，阴、阳、风、雨、晦、明。辩同变，变化。这一句必须联结上句来理解。既能"乘天地之正"，与道一体，即可驾御六气的变化，意即超越六气的变化，而不受其影响和障碍。如此则无时不逍遥。

至人无己

《天下篇》说："不离于真，谓之至人。"这里所说的"真"和上文所说的正、精、纯、诚，都是异名而同实，都是指"道"言的。所以，所谓至人，即不离于道的人。在《庄子》中，道是超于时空的无所对待的、绝对自由的意念，它没有任何矛盾关系。所以同道合一的人，也便解脱了人世间一切矛盾关系。他完全忘却了形骸的我，在精神上和天地合一，与万物同体，这便是无己。达到无己的得道的至人，才有绝对的自由。他不但无己、无功、无名，而且可以无死生（齐死生）。《齐物论》说："至人神矣，大泽焚而不能热，河、汉沍而不能寒，疾雷破山、风振海而不能惊。若然者，乘云气，骑日月，而游乎四海之外，死生无变于己，而况利害之端乎！"《大宗师》说："古之真人，不知悦生，不知恶死。"他在脑海中完全忘记了形骸，消失了物我，只是一个具有独立精神的幽灵似的人物。《达生篇》说："……至人之自行邪？忘其肝胆，遗其耳目，芒然彷徨乎尘垢之外，逍遥乎无事之业。"他无欲无求（《齐物论》："不就利，不违害，不喜求。"），完全解脱了尘世间的利害、得失、毁誉、是非等一切矛盾关系。这样，在精神上便可以具有了不受任何限制，排除一切物质条件的绝对自由，这便是所谓逍遥游的境界。

神人无功

《天下篇》说："不离于精，谓之神人。"《齐物论》说："至人神矣。"所以神人也是不离于道的人，和至人同类，也同是"无己"的人。既然无己，当然忘功，不求立功，于是"无功"。因为有功就有毁（《山木》："功成者堕。"），有了成毁，就不能解脱相对待的矛盾关系，达不到绝对自由的逍遥境界。在庄子思想中，无己是根本，无功、无名都是由无己派生出来的。神人和至人虽属同类，但单独提出神人的时候，其形象却和至人有所不同，更接近于后世的所谓神仙之类；如本篇的"藐姑射之山，有神人居焉，肌肤若冰雪，绰约若处子，不食五谷，吸风饮露，乘云气，御飞龙，而游乎四海之外。其神凝，使物不疵疠而年谷熟"。这已是一个美丽的而且神通广大的仙子，同一般得道的"形体掘若槁木"的人相比形象就大不相同了。

圣人无名

《天下篇》说："以天为宗，以德为本，以道为门，兆（当从《释文》一本作逃）于变化，谓之圣人。"足见圣人和至人、神人同类。《秋水篇》的"道人不闻"，《山木篇》的"至人不闻"和这里的"圣人无名"义同。无名，即忘名，不求名，因为"名成者亏"（《山木篇》），就是说名成便有了缺损，便有了"毁"。解脱了成毁的矛盾，达到无己，才能无待，才能逍遥。《庄子》各篇并非成于一人之手，时代也有先后，所以，对于"圣人"的概念，并不一致。如《则阳篇》明说圣人不及至人，《外物篇》说："圣人之所以骇天下，神人未尝过而问焉；贤人所以骇世，圣人未尝过而问焉。"这是明言圣人又不及神人，但本篇却三者平列，不分等次，这和《秋水篇》的"道人不闻，至德不得，大人无己"句式和意义都是相同的。

庖人虽不治庖，尸祝不越樽俎而代之矣

《淮南子·说山训》："尸祝齐戒，以沉诸河。"高诱注："尸，祭神之主；祝，祈福祥之辞。"嵇康《与山巨源绝交书》："引尸祝以自助。"六臣注："向曰尸，主也；祝，谓祭时读辞之人也。"以上两例均尸祝连文，而注都以尸祝为担任不同职务的两种人，是正确的。本篇成玄英疏"祝者则今太常太祝是也，执祭版对尸而祝之，故谓之尸祝"。以尸祝为一种人，只指祝而言，今人注解也有从成说的（见《先秦文学史参考资料》），并误。《淮南子·泰族训》："今夫祭者，屠割烹杀，剥狗烧豕，调平五味者，庖也；陈簠簋，列樽俎，设笾豆者，祝也；齐明盛服，渊默而不言，神之所依者，尸也。宰、祝虽不能，尸不越樽俎而代之。"这段话可作本文的确解。文中宰祝连文，也指两种人而言。本篇成玄英疏："庖人尸祝者各有司存。假令膳夫懈怠，不肯治庖，尸祝之人终不越局滥职，弃于樽俎而代之宰烹。"《庄子内篇注》："巫祝之人，不离樽俎。"都说掌管樽俎是祝的职责，而今人注解却说"樽俎皆庖人所掌管"（同上引），显系没有根据的妄解。《庄子义证》释越为夺，亦误。尧让天下是不能"忘名"，许由辞天下则是不能"忘己"。许由在说话举例中，庖人和祝的职守分得很严，人我的界限划得很清，这是划分人我、内外，严格地独善其身的态度，这是不能忘己的表现。不能忘名与己，便不得逍遥。郭注却说：

"庖人、尸祝各安其所司，鸟兽万物各足其所受，帝尧许由各静其所遇；此乃天下至实也。各得其实，又何所为乎哉？自得而已矣。故尧许之行至异，其于逍遥一也。"这是以"小大虽殊，而放于自得之场，则物任其性，事称其能，各当其分，逍遥一也"（郭象《逍遥游》题解），使人们各安其命，为封建等级制度服务的思想，来偷换庄子的"忘我"、"无待"才可逍遥的精神境界，大乖《庄子》本意。今人解为"引许由的故事证明圣人无名之意"（同上引），亦非《庄子》本旨。

大而无当

当，《释文》引司马云："隐当也。"成疏为"的当"。《庄子集解》释为"底"。今人多从《集解》，解作"底"、"根据"，均误。"当"义为"合"。《徐无鬼》："夫或改调一弦，于五音无当也。"《释文》："当，合也。"《淮南子·齐俗训》："晋平公出而不当。"高诱注："当，合也。""当"都训"合"。《天下篇》："百家往而不返，必不合矣。""不合"即本文的"无当"。又（惠施）"其言也不中"，成玄英疏"言辞虽辩而无当也"，以"无当"释"不中"，"不中"也是不合。这里的"无当"即不合实际情况，下文的"不近人情焉"，即指此而言的。所以"当"义当为"合"而非"底"。

往而不反

反同返。成玄英疏以"反"为"反覆"，说"往而不反"是"一往而陈梗概，曾无反覆可寻"。《庄子内篇注》谓："言只任语去，而不反求果否也。"今人遵循旧注，说："接舆的话愈说愈离奇，无法反覆印证。"（见《先秦文学史参考资料》）

考《庄子》中凡"往反"、"去反"对文的反，向无"反覆"的意义。况且作"反覆"解，则同下文的比喻"犹河汉而无极也"不合。《天下篇》"百家往而不反，必不合矣"和本篇"往而不反"同义，成玄英疏《天下篇》说："一往逐物，曾不反本。"是正确的。成玄英疏一语二释，本文所释则和上下文意不合，不可遵从。

大有径庭

《释文》"大音泰"。是大即太字。凡从巠从廷的字多有直义。《说文》："鋞，温气也，圆而直上。"《文选》枚乘《上书谏吴王》："径而寡失。"李善注："径，直也。"左思《魏都赋》："延阁胤宇以径营。"李善注："直行曰径。"《说文》："廷，朝中也。"《诗·小雅·大田》："既庭且硕。"毛《传》："庭，直也。"《周礼·考工记·弓人》："于挺臂中有柎焉，故剽。"郑玄注："挺，直也。"莛廷结合为联绵词，也是直的意思。《尔雅·释水》："直波为径。"郭璞注："言径涎也。"《释名·释船》："二百斛以下曰艇。艇，挺也，其形径挺，一人二人所乘行者也。"又《释形体》："颈，俓也，俓挺而长也。"水的径涎，船的径挺，颈的俓挺，都是直的意思。由直引申为激直。《吕氏春秋·安死篇》："孔子径庭而趋，历级而上。"直则快速，所以径庭即激直。走路径庭为激直，如言语太直则为过度，故径庭又有激过的意思。《文选》刘峻《辨命论》："如使仁而无极矣，奚为修善立名乎？斯径庭之辞也。"李善注引司马彪曰："泾廷，激过之辞也。"直又有长义，如《释形体》："俓挺而长也。"直则长，长则远。张衡《西京赋》："望奻窱以径廷，眇不知其所返。"六臣注："济曰：'闺阅互相通而深远，入者眇然而迷，不知还路。'"窑窀即窈窕，义为幽深，是径庭则有远义。本篇的径庭即荒远过度，"有"作"为"解（见《词诠》），大有径庭即太为荒远过度，所以上文有"往而不反"，下文有"不近人情焉"。《庄子口义》："径庭，只言疆界遥远也。"《庄子内篇注》："径庭，谓过当也。"解释得尚属切近。《南华经解》释径为"门外路"，庭为"堂外地"。联绵词不得拆开单释，把径与庭解为两个不同意义的词是错误的。

藐姑射之山

《释文》："李云：'藐姑射（ye），山名，在北海中。'"《列子·黄帝篇》："列姑射山在海河洲中。山上有神人焉，吸风饮露，不食五谷，心如渊泉，形如处女。"《山海经·海内北经》："列姑射在海河洲中。"郭璞注："山有神人，河洲在海中，河水所经者，《庄子》所谓藐姑射之山也。"《列子》盖抄自《山海经》，所以二书所载山的所在地相同，且"藐"都作"列"。藐上古为复辅音（＊ml-），所以演变为藐列二音。《尔雅·释草》："藐，茈草。"郭璞注："可以染紫，一名茈莀。"《周礼·地官·掌染草》："掌以春秋敛染草之物。"郑玄注："茅蒐、橐芦、豕首，紫莂之属。"贾公彦疏："紫莂，即紫莀也。"藐草又名紫莂、紫莀。莂、莀同为藐音分化的结果，正同于藐姑射之称为列姑射。藐属小韵，在段氏《六书音韵表》第二部；列属薛韵，在此表第十五部。《庄子义证》以藐列为霄、脂通转，非是。《庄子》既称为藐姑射，所指显然不可能是现在山西的姑射山。据《隋书·地理志》和《读史方舆纪要》，姑射山在山西临汾境内。《纪要》卷四十一山西平阳府临汾县姑射山条："府西五十里有姑射、莲花二洞，其南面支阜曰平山，平水出焉；其西北为分水岭，西接蒲县界，旧有关，今废。"又："石孔山，在府西三十里，当姑射山前，九孔相通，深不可测。"旧注多说姑射山是平阳府西的九孔山，即据此而言。《隋志》和《纪要》与《山海经》所载不合。藐姑射山有神人居住，原是古代传说，尧往见四子，不见他书记载，显系庄子的假托。因下文有"汾水之阳"一语（水北为阳），尧的都城就在这里，所以后人便附会平阳府西的九孔山就是《庄子》所称的姑射山了。

其神凝

其，指神人。神凝，精神静定专一。《庄子集解内篇补正》："《达生篇》述佝偻丈人之言曰：'吾处身也，若厥株拘；吾执臂也，若槁木之枝。'孔子称之曰：'用志不分，乃凝于神。'故凝神之要点在用志不分。《人间世篇》仲尼语颜回曰'一若志'，《老子》曰'守静笃'，曰'抱一'，同此义也。盖志不分则静，静则定，定则一，一则凝矣。内神凝，而外则若厥株拘与槁木之枝，与南郭子綦形如槁木同。而子綦自谓'丧我'，丧我者，无己也。故用志不分然后能无己，无己然后能神凝。此'神凝'二字，即示藐姑射神人为无己之至人也。"所释"神凝"至确。所谓神人，已经丧失了形骸的我，即所谓"假我"，只有一个精神的我，与道合一的我，即"真我"。这种精神境界，名之曰"坐忘"，进入了"坐忘"的境界，精神自然宁静专一。

使物不疵疠而年谷熟

《列子·黄帝篇》："列姑射山在海河洲中，山上有神人

焉……不施不惠，而物自足；不聚不敛，而己无愿。阴阳
常调，日月常明，四时常若，风雨常均，字育常时，年谷
常丰；而士无札伤，人无夭恶，物无疵疠。"比本篇所言的
神人的神通更为广大。其神凝，当然是自身的阴阳调和。
我的精神既与天地混而为一，自可使天地之间阴阳常调，
风雨常均。扩而大之，可以消除宇宙间的一切矛盾斗争，
可使战争不起，灾害不生，天下安宁，年谷常丰，这即至
人和神人的"无为而无不为"的世界，这是庄子的主观精神
可以支配宇宙的幻想。庄子之学，与后世方士神仙之说相
通，这是一个例子。今人竟注为"此言神人的意志专一，则
能使宇宙间的一切规律正常发展"（见《先秦文学史参考资
料》）。主观唯心主义的幻想，却能掌握不以人们意志为转
移的"宇宙间的一切规律"而且使之"正常发展"，这的确是
不经之谈。

吾是以狂而不信也

狂，痴狂，癫狂。《释文》："狂，李云'痴也'。"《庄子
集解内篇补正》："《广韵》：'巨王切，病也。'心不能审得失
之地，则谓之狂。应璩诗云：'积念发狂痴。'李训痴，是
也。《淮南·精神训》：'大怖生狂。'又《原道训》：'薄气发
瘖，惊怖为狂。'故'狂'字应从李训，方与上'吾惊怖其言'
相关合，读诳非也。至肩吾之意，以为使物不疵疠而年谷
熟，必以天下为事而后能，今藐姑神人，不过一己之神凝
耳，并未以天下为事，何能致如斯之效？其狂而不信者在
此。连叔一则曰'孰弊弊焉以天下为事'，再则曰'孰肯以物
为事'，即针对此点而答也。"自《庄子口义》读狂为诳，今人

注解亦多从之，也有释狂为"欺"的，均误。

是其言也，犹时女也

奚侗《庄子补注》："《释文》引司马云：'时女犹处女也。'向云：'时女虚静柔顺，和而不喧，未尝求人而为人所求也。'两说皆谬。时借作之，女读为汝，谓肩吾也。'是其言也'乃指上'岂惟形骸有聋盲哉，夫知亦有之'之语。'犹之女也'，之为助词，谓是言乃似女也。连叔因肩吾不信接舆之言，故以聋盲斥之。时从之声，古本通用，《汉书·张苍传》'草立土德时历制度'，《史记》时作之。《楚辞·九叹》'欲容与以俟时兮'，今本时一作之，并其证。"时借作之，且之作似解（见《经传释词》），是完全正确的。今注多以时同是。先秦是字很少用作系词，即使时假为是，也都用作"此"义，所以这里的"时"不当是"是"的假借字。至于把"时女"解为"处女"，按之上下文意，更是不通，《补注》已斥其谬，不须再辩。

将旁礴万物以为一，世蕲乎乱，孰弊弊焉以天下为事

《庄子补注》："近人治《庄子》者，如李桢、王先谦均以'一世'连读，而读'为'为去声（宣颖亦如此读）。然上文既言神人将为一世蕲乎乱（乱，治也。郭注作本字读，非是），下又言'孰弊弊焉以天下为事'，则上下文自矛盾矣。郭注'世以乱故求我'《释文》出'世蕲'二字为之音义；《文选·吴都赋》刘渊林注引《庄子》曰：'将旁礴万物以为一。'可见古无有以'一世'连读者。司马彪云：'旁礴，犹混同也。'混同万物以为一，言若日月之照临，时雨之膏润，无容心也。若必以治世相蕲，是以治天下为事，神人岂肯弊弊焉为之哉？文义甚明。"《庄子哲学·逍遥游校释》："司马谓'旁礴犹混同也'，是也。混同万物以为一，犹《齐物论》所谓'天地与我并生，而万物与我为一'；《大宗师》所谓'其一，与天为徒'；《山木》所谓'何谓人与天一邪？……有人，天也；有天，亦天也'；《天地》所谓'不利货财，不近贵富；不乐寿，不哀夭；不荣通，不丑穷；不拘一世之利，以为己私分；不以王天下为己处显，显则明；万物一府，死生同状'也。人至此境，物我合一，是非两忘，无往而非逍遥矣……'世蕲乎乱'，谓世间求之乎治，或世间以治天下求之也。故下文云'孰弊弊焉以天下为事'，正承此句而言也。奚侗据古人读'一'字绝句，又从古训释'乱'为治，均是。"奚、蒋二氏根据上下文意和《庄子》思想驳李、王"一世"连读之非，肯定当在"一"字断句，所论至为精确（"乎"等于"于"，蒋氏解为"之乎"，非是）。《老子》的"混而为一"，《淮南子·俶真训》的"旁礴为一，而万物大优"，和《庄子》的思想都是相同的。今人注本有读作"将旁礴万物以为一世蕲乎乱"的（见《先秦文学史参考资料》和《历代文选》），也都因不明《庄子》思想的要点所致。《资料》注说"旁礴万物"为"神人之德足以广被万物"，是神人和万物显然还有物我之分，这是以儒解《庄》，有乖《庄》旨。

之人也，物莫之伤，大浸稽天而不溺，大旱金石流、土山焦而不热

《庄子》中对于外物的灾害有两种应付的办法：一是"避"：《秋水篇》："知道者必达于理，达于理者必明于权，明于权者不以物害己。至德者，火弗能热，水弗能溺，寒暑弗能害，禽兽弗能贼。非谓其薄之也，言察乎安危，守于祸福，谨乎去就，莫之能害也。"二是用精神胜利法对待灾害，在精神上不以害为害。《达生篇》："彼将处乎不淫之度，而藏乎无端之纪，游乎万物之所终始，壹其性，养其气，合其德，以通乎万物之所造。夫若是者，其天守全，其神无郤，物奚自入焉？夫醉者之坠车，虽疾不死。骨节与人同而犯害与人异，其神全也。乘亦不知也，坠亦不知也，死生惊惧不入乎其胸中，是故遌物而不慴。"遇到所谓天命不可躲避的灾害，则内心屹然不为所动，超于形骸，死生齐一，所以物莫能伤，"溺""热"一类的外物之害，便不成其为害了。神人到了物莫能伤的境界，才得始终逍遥。后世方士的神仙之说，所谓水火不侵，刀枪不入，是和庄子之学一脉相通的。

宋人资章甫而适诸越

《广雅·释言》："资，操也。"《疏证》："资与赍通。"《释诂》三："操、赍，持也。"《庄子义证》："资借为赍。《仪礼·聘礼》'问几月之资'，郑司农曰'故资作赍'，是其例证。"《释文》引李注释资为货，今人因而解为"贩卖"，按之下文意义，当以释操或持为胜。

闻一多先生《庄子义疏》说："《徐无鬼篇》'齐人蹢子于宋者'，孙诒让释为齐人鬻其子。今谓适蹢并当训卖，即《周礼》之儥字。胥师职先郑《注》曰'儥，卖也'，贾师职后郑《注》亦释儥为卖，而司市职《释文》聂音笛，则与适蹢古同音。又适与出义近，卖亦出也。《说文》'糶，出谷也'，《广雅·释诂》三'糶，卖也'，适糶一语之转，'适诸越'即卖之於越耳。"闻师释适为卖，诸为之於，极为精确。自《庄子集释》引李桢以"诸越"为"於越"，於为发声，近人多从其说，但按之上下文，义颇牵强，当以闻师的解释为正。

汾水之阳，窅然丧其天下焉

历代注家多把"汾水之阳"与上句连读。《庄子集注稿本》说："'汾水之阳'句当属下读。盖言尧既往见四子，神志窅然，虽身仍临莅汾阳，而心已冥忘其有天下也。"此处文字简略（"汾水之阳"句上或有脱文），当依阮氏的理解，方才合理。《御览》四十五引"窅"作杳。《说文》："杳，冥也。"这里形容两眼发黑，茫茫然自失的样子。《庄子口义》："窅然，茫茫之意也。丧失天下，忘其天下也。"《庄子内篇注》："此一节，释上尧让天下与许由，许由不受，意谓由虽不受尧之天下，却不能使尧忘其天下，且不能忘让之之名，以由未忘一己故也。今一见神人，则使尧顿丧天下，此足见神人御世，无为之大用。"

世世以洴澼絖为事

洴（píng）澼（pì），联绵词，原为在水中漂击丝絮的声音，这里以在水中漂击丝絮的声音，用为击洗的意思。絖（kuàng），同纩，丝絮。《释文》引李云："洴澼絖者，漂絮于水上。"《庄子补正》引《御览》二十七旧注："洴澼，浣漂斫絮于水中也。"卢文弨《庄子释文考证》："洴澼，是击絮之声，洴澼二字本双声，盖亦象其声也。"《说文》："潎，于水中击絮也。"《说文通训定声》："今苏俗语为之漂。"《汉书·韩信传》："有一漂母哀之。"韦昭注："以水击絮为漂。"《广雅·释言》《疏证》："漂、潎、洴、澼一声之转。漂之言摽，漱之言擎，洴之言拼，澼之言擗，皆为击也。"洴澼连言成为一个象声的联绵词，象水中漂击絮的声音，用来作为漂洗的意思，今有人同时释为浮和漂洗二义是错误的。

何不虑以为大樽，而浮乎江湖

《释文》："樽，本亦作尊。司马云：'樽如酒器，缚之于身，浮于江湖，可以自渡。虑犹结缀也。'案所谓腰舟。"成玄英疏："摅（成本虑作摅）者，绳络之也。樽者漆之如酒罇，以绳结缚，用渡江湖，南人谓之腰舟者也。"《庄子解故》："结缀字当为落，虑落同部双声。"虑落可以互借，如《天地》"无落吾事"，《吕氏春秋·长利篇》作"无虑吾农事"。闻一多先生《庄子义疏》说："落今字作络。'络以为大樽'者，尊一名罍，罍之言纍也，纍亦络也。今之酒瓮犹有篗络，即古樽罍之遗制。"初民烧制酒尊取范于匏瓠的形状，瓠也可用为酒尊。《周礼·春官·鬯人》："用瓟齍。"郑玄注："齍读为齐，取甘瓠；割去柢，以齐为尊。"孙诒让疏："凡瓠可半剖为勺，亦可全割为尊。"并引段玉裁《周礼汉读考》："齐即齌（脐）字。《左传》'噬齌'字作齐。瓠以柄为柢，以腹为齌，去其柄而用腹为尊也。"又《诗·大雅·公刘》："酌之用匏。"毛《传》："俭以质也。"郑玄笺："酌酒以匏为爵。"成玄英疏摅为绳络，是葫芦用作酒樽，须去柄，并外用绳索系络，便于提挈，所以是"络（之）以为大樽"。绳络的如大樽的葫芦，也可系之腰间，用以渡水。《国语·鲁语》："诸侯伐秦，及泾，莫济。晋叔向见叔孙穆子。穆子曰：'豹之业及《匏有苦叶》矣。'叔向退，召舟虞与司马曰：'夫苦匏不材于人，共济而已；鲁叔孙赋《匏有苦叶》，必将涉矣。'"韦昭注:"材读若裁也。不裁于人,不可食也,共济而已,佩匏可以渡水也。"又《鹖冠子·学问篇》:"不提生于弗器,贱生于无所用,中河失船,一壶千金。"陆佃注:"器故提之。壶,瓠也,佩之可以济涉,南人谓之腰舟。"《庄子口义》解"虑"为"思",《庄子补注》解虑为"修治",今人有解为"谋""设法"或"挖空"的,均误。

中于机辟

闻一多先生《庄子义疏》说:"辟读为臂。机臂谓弩也。《说文》:'弩,弓有臂者。'《释名·释兵》:'弩,怒也,其柄曰臂,钩弦曰牙,牙外曰郭,下曰悬刀,合名之曰机,言如机之巧也。'《吴越春秋·勾践阴谋外传》:'琴氏乃横弓着臂,施机设枢。'《楚辞·哀时命》:'外迫胁于机臂兮。'臂者,如人手臂之状,故名。《墨子·非儒篇》'盗贼将作,若机辟将发也',与本书字并作辟,古文省借耳。诸家或读为繴,则与下文罔罟义复,失其旨矣。"《庄子补正》引许骏斋先生说"辟疑为臂之省文"正和闻师说相合。成疏释为"机关",近人有释为"翻车"的,均误。

《庄子·逍遥游》"三餐而返"解歧

对于《庄子·逍遥游》"适莽苍者，三湌而返，腹犹果然"句中的"三湌"，历代注解，众说纷纭。成玄英疏说："往于郊野，来去三食，路既非遥，腹犹果然。"是以"三食"解三湌。林希逸《庄子口义》说："莽苍者一望之地，莽苍然不见。我欲适之，不过三饭，而腹犹果然。"是三湌即"三饭"。释德清《庄子内篇注》说："如往一望之地，则不必畜粮，一饭而往返尚饱。"是解三湌为"一饭"。宣颖《庄子南华经解》说："三飧（改湌为飧，误，详下）言饭三盂。"林云铭《庄子因》说："有一日之食，可以充饥。"王先谦《庄子集解》说："三湌犹言竟日。"关于三湌即三食、三饭说，金景芳同志在《释"二南"、"初吉"、"三湌"、"麟止"》一文（载《文史》1963 年第 3 辑）中有所论述。他根据《礼记·曲礼》"三饭，主人延客食胾"孔颖达疏"三饭，谓三食也。礼食三飧而告饱，须劝乃更食"和《诗经·郑风·狡童》"使我不能餐兮"、《魏风·伐檀》"不素餐兮"的注疏，谓饭犹食，食犹餐，餐同飧，认为本文的"三飧"即《仪礼》《礼记》的"三饭"，即礼经所记的先秦士大夫阶级在昏、丧、食礼中的"三饭告饱"

的三饭，也就是贾公彦《仪礼·少牢馈食礼》疏所说的"三把饭"、"三口饭"。金文论列颇详，但可议之处甚多。

一、根据《庄子·外物篇》记载，"庄周家贫，故往贷粟于监河侯"，《列御寇篇》载庄子"处穷闾厄巷，困窘织屦，槁项黄馘"，《山木篇》载："庄子衣大布而补之，正緳系履而过魏王。魏王曰：'何先生之惫邪？'庄子曰：'贫也，非惫也。'"根据以上的记载，看来庄周比孔门弟子颜回更为贫穷。况且，庄周学派向来是反对礼制的。《人间世篇》说："以礼饮酒者，始乎治，常卒乎乱。"《缮性篇》说："礼乐遍行，则天下乱矣。"《知北游篇》说："礼相伪也。"《外物篇》还借盗贼发家的故事辛辣地讽刺了拘泥于儒家诗礼者的丑态。庄周的生活与思想都和"斋必变食"、"入太庙，每事问"（俱见《论语·乡党篇》）的孔丘不同，在他的笔下岂能规定出门走道的人必须遵照士大夫阶级宴会席上的礼节去进食？就是"三月不违仁"而身居陋巷的颜回，也只是"一箪食，一瓢饮"（见《论语·雍也篇》），并不按照贵族们的食礼，每饭只"抓三把"，"吃三口"，所谓"三饭告饱，劝而后食"的。

二、据《仪礼》载公食大夫礼十一饭（详《仪礼·公食大夫礼》"宾三饭以湇酱"胡培翚正义），少牢馈食礼亦大夫礼十一饭（见《仪礼·少牢馈食礼》"三饭"正义），《士虞礼》和《特牲馈食礼》记的是士级的礼仪，都是九饭。士虞礼是丧礼，所以九饭之间没有告饱拜侑的仪节（详《仪礼·士虞礼》"尸卒食"正义）。贵族们在吉、凶、祭祀、宴会席上的"三饭"，只是在特定场合全部的礼节仪式中的一个环节，所谓礼之一成（见《特牲馈食礼》"尸三饭告饱"郑注），只有士昏礼三饭则礼成，那是因为昏礼只在共牢而食，合卺而酳，所以示亲，不以饮食为主的缘故（详《仪礼·士昏礼》）。庄周不可能以贵族阶级宴会礼仪中的一个环节，作为他吃饭的模式的。况且，贵族阶级昏礼中的"三饭"，不过是一个仪式，并不在乎吃多少的，就是礼之大成的九饭、十一饭、十二饭，也是食而不饱的。《礼记·曲礼》的"共食不饱"，《玉藻》的"食于人不饱"，便是贵族们自幼所受的关于参加各式宴会的教育。各种礼仪的最后，还有一个节目，叫做"馂"，即所谓吃剩余的饭，便不受"三饭"的限制。《礼记·祭统》说："夫祭有馂。馂者，祭之末也……尸谡，君与卿四人馂。君起，大夫六人馂，臣馂君之余也。大夫起，士八人馂，贱馂贵之余也。士起，各执其具以出，陈于堂下，百官进（郑注曰当为俊），彻之，下馂上之余也。"祭后的饭，只有"祭食"，却不见有"三饭告饱"之节（参看凌廷堪《礼经释例》"凡馂亦有祭"条）。至于昏礼之后，"媵馂主人之余，御馂妇余"（见《士昏礼》），便连"祭食"也没有了，何况"三饭"。贵族们平日吃饭，也不以"三饭"为节的。《礼记·少仪》说："燕侍食于君子，则先饭而后已。"是说侍奉尊长吃便饭，须先饭，即预先遍尝各味，然后劝尊长进食，一直等尊长停止了吃自己才停止。这样，当然不会有"三饭告饱"的仪节的。如果贵族们每日三餐尽依"三饭"之节，天长日久便会饿死的。《太平御览》八五〇引《列子》："楚灵王好细腰，臣皆以'三饭'为节，期年有黧黑之色。"（今本《列子》无）《晏子春秋·外篇》第七："楚灵王好细腰，其朝多饿死人。"这证明"三饭"之节在贵族们的日常生活中也是行不通的。

作者又说:"三饭就是三口。古人所谓一口、三口,同我们今天一般所理解的吃几口饭,却不一样。古人吃饭不使筷子,直接用手抓取,古人把抓取一次叫一饭。一饭也就是贾疏所说的一口。一饭为当时吃饭数量的最小单位。"察作者所说的一把一口,此"最小单位",其量或以为多于今天的一口,如此,作者所谓本文的"三餐"是"三口饭",吃三口饭,往返郊野,肚子还是饱饱的,才似乎有可能。古代贵族们自幼就受饮食礼节的教育:"毋抟饭,毋扬饭"(《礼记·曲礼》上),饭热不许扬,抓饭不许抟作团,一把是抓不了多少的。至于送入口的就更少。《礼记·少仪》说:"小饭而亟之,数噍(速嚼),毋为口容。"是说吃饭要小口地吃,快嚼快咽,口里不要含饭。口里含饭,腮帮子鼓起来,是很不文雅的。抓一把饭既不能尽送入口,剩下的却不许放回原容器中(《曲礼》"毋放饭"),便放进旁边预置的竹筐里或敦盖上(参看《仪礼·士虞礼》"尸饭,播余于筐"正义),所以古代贵族们在宴席上所吃的一口饭,只会比今天常人的一口少,而不会多的。准此,吃了这么一点儿量的三口饭,去到郊野走一个来回,肚子还是饱饱的,不论作者如何缩小郊野的幅员,缩短来去的里程,都是不可能的。

三、《礼记·曲礼》说"礼不下庶人",所以礼食的仪节是"天子一食,诸侯再,大夫士三,食力无数"(见《礼记·礼器》)。郑玄注:"一食、再食、三食,谓告饱也。食力,谓工商农也。"孔颖达疏:"此等无德,以饱为度,不须告劝,故飧(孔误,当为餐,详后)无数也。"工商农并非"无德",而是不可能也不必要饿着肚子去拘守贵族阶级虚伪的礼节仪式的。过着穷苦的生活而且痛诋礼教的庄周也不可能拘守于贵族阶级的"三饭"之礼的。《大宗师》载"子舆与子桑友，而霖雨十日。子舆曰：'子桑殆病矣！'裹饭而往食之"。庄周笔下的出门人，在家吃了早饭，然后裹饭而往，倒是切近于生活的实际的。他所说的亦即此"食力"一样的吃饭，每餐不限口数，是以吃饱为度的。

四、作者根据孔疏"三饭，谓三食也。礼食三飧而告饱，须劝乃更食"，认为飧餐为一字，所以"三飧"即"三餐"，"三餐（飧）就是三食，也就是三饭"。历来注家和宋代以后的字书多混餐飧为一字，段玉裁已斥其非。《说文》"餐，吞也"，段氏注曰："飧与餐其义异，其音异，《郑风》、《释言》、《音义》误认餐为飧字耳，而《集韵》、《类篇》竟谓飧餐一字。"又说："餐，七安切，十四部，与十三部之飧迥别，《魏·伐檀》一章、三章分用。"《说文》"飧，餔也"。《广韵》"飧，思魂切"。徐灏《说文解字注笺》引戴侗说："飧，夕食也，古者夕则餕朝膳之余，故熟食曰飧。"《伐檀·传》正训"熟食曰飧"，飧为朝膳之余，故为熟食，在这一意义上飧餕音通义同。《说文》有簪无餕，餕即簪字，俱为食余，又为熟食。《公羊传》昭公二十五年："餕饔未就。"何休注："餕，熟食。"餕饔即飧饔，《孟子·滕文公》上"饔飧而治"赵岐注："饔飧，熟食也，夕曰飧。"可证。礼食最后敦中所余的饭亦曰飧，习惯于用水浇饭以利口，故飧又有水浇饭之义。《玉藻》"君未覆手，不敢飧。君既食，又饭飧；饭飧者，三饭也"。孔颖达疏："飧谓用饮料浇饭于器中也。"礼食的最后一道饭都称飧，即用水浇饭享客。《礼记·杂记》中孔子曰："吾飧。（少施氏）作而辞曰：'疏食也，不敢以伤吾子。'"这正是《玉藻》所说的"客飧，主人辞以疏"的一个必行的过场。以上的飧都是水浇饭的意思，不过"饭飧"的飧是名词，其余都用作动词而已。郑玄注"不敢飧"的"飧"为劝食，"客飧"的"飧"为"美主人之食"都是望文生义。王夫之《礼记章句》"不敢飧"注："飧，以水浇饭连进之也。""客飧"注："飧，以水浇饭致饱也。"盖食礼君未停吃"复其常度而拱"（王氏"覆手"注）的时候，侍食的臣子是不敢用水浇饭自己先吃饱的。君停吃拱手之后，臣子才用水浇饭再劝君食。饭飧时虽有"劝食"之节，而飧的意义却非"劝食"。若是同等级的人相宴食，在将"饭飧"的时候，客人向例起身赞美主人的菜肴丰美，招待周到，主人则起而说些粗茶淡饭，招待不周一类的客套话，即上文的"客飧，主人辞以疏"。这里的"飧"并不含"美主人之辞"的意义，不得把当时客人的辞令作为飧的意义。王夫之的《章句》不从郑注是正确的。

本文的"三飡而反"，《释文》"飡，七丹反"。飡当写作餐，各本多减写作飡。飡，飧的俗体。《说文》："餐，吞也，重文作飡，餐或从水。"飡为餐的重文，俞樾已疑其非。俞氏《儿笘录》"餐重文飡"条说："《释名·释饮食》曰：'餐，干也，干入口也。'从水作飡，似为无理。今按飡者，飧篆之重文也。《说文》曰：'飧，餔也，从夕食。'而《诗·伐檀篇》正义引《说文》曰：'飧，水浇饭也，从夕食。'今《说文》无此文（此语原出《字林》，孔颖达误引）。然水浇饭为飧，则古有此义，故《伐檀篇》释文引《字林》曰：'飧，水浇饭也。'《玉篇·食部》曰:'飧,水和饭也。'《释名·释饮食》曰:'飧,散也,投水于中解散也。'皆其证也。疑古本《说文》当曰'飧,餔也,一曰水浇饭也,从夕食',又出重文湌曰'飧或从水',正合水浇饭之义。因飧餐二篆相近,传写者误移飧下之重文为餐之重文,大小二徐不能是正,遂沿讹至今耳。"俞说甚为可信。《释名》说餐为干吃,《字林》《玉篇》说飧为水浇饭或水和饭,《集韵》则说"湌,水浇饭",是飧湌同义而与餐有别。细审古语,亦不难辨析。《东观汉记》"餐糗糒",又"江革有疾,遣太官送湌醪"和"汝郁母疾,不能饮食,郁亦不食,母强为之湌饭"(光绪年间增刻《武英殿聚珍版书》误改湌为餐)。壶飧亦水和饭。《左传》僖公二十五年"赵衰以壶餐从",《释文》"餐音孙",是读餐为飧。桂馥《说文解字义证》飧字注说:"古称壶飧,未有称壶餐者。《韩子》'夫轻饥馁之患,而必全壶飧',《国策》'臣父尝戏君不备壶飧',《吴越春秋》'掩尔壶飧,莫令之露'是也。《汉书·韩信传》'令其裨将传餐',如淳曰:'小饭曰餐。'馥谓餐当为飧,小饭当为水饭。"餐为干吃,湌飧为水饭,其义至明。食礼最后的"饭飧"即吃水饭。"饭飧者,三饭也",王氏《章句》说:"又饭飧者,先已三饭而酳,今又飧而三饭也。"解释的至为确切。孔颖达疏则说:"礼食竟,更作三飧以劝饱。"阐释欠妥,且误混飧、饭为同义词。飧、饭意义不同,"三饭"是食礼中的特定词,不得改为三飧。作者也把"三饭"改为"三飧",是沿孔氏之误。《伐檀》"不素餐兮",《释文》说:"餐,沈音孙。"显系误读,孔疏不辨餐、飧,已遭清人王鸣盛之讥。王氏在《蛾术编·说字》餐字下说:"颖达不能分别飱餐，并以《字林》之言为《说文》之言，幸《说文》原文尚在，有所折衷。"今作者以"三飱"即"三餐"，更说"三餐"即"三饭"，也就是"三口饭"，失察于古代各阶级的生活实际和文字的讹变关系，并轻信孔疏，致有此误。

飱，宣颖《南华经解》作飧，《蛾术编·说字》卷二十三说："（飱）《诗经》注疏并《释文》及《释文》足本皆讹为飧，不知歺、剔骨之残也，五割切，读若蘖，一变为歺，再变为歹，与夕何干？乃竟飱变为飧，飧为飧，大谬。"《经解》并释"三餐"为"饭三盂"，亦由误解三餐为三饭，并以三饭盖抵当今之饭三盂，此显系没有根据的推想之论。释德清的《内篇注》释为"一饭"，其源也是认为三餐即三饭，"三饭"既然"告饱"，是犹今言"一饭"即"一顿饭"，结论竟是"三餐"同于"一饭"，其谬误就更明显了。

战国以后古礼废，"三饭"的古义亦随之逐渐消亡，语言中的"一饭""三食"已非古义，《战国策·齐策》四："士三食不得厌，而君鹅鹜有余食。"《史记·廉颇传》："一饭斗米，肉十斤。"所谓"三食"、"一饭"，犹今言"三顿饭"、"一顿饭"。成玄英疏和《口义》释"三餐"为"三食"、"三饭"，即今言之"三顿饭"。作者又以"莽苍"指近郊十里的地方，用意在十里往返，不须吃三顿饭。庄周家乡当今豫东平原，平原地区，十里远近，房树可见，何言"莽苍"？庄周未言里程，不可臆断，只就文意而论，明言去莽苍的郊野地方，来回不过三顿饭，言当天就可返回，且不必搭黑，回到家时肚子还是饱饱的，就其文意，按之平民生活的实际情况，至切至明，何必孜孜于古礼中求之。反观《庄子因》和《集解》的注解，虽欠工稳，还不太失原意，所以今注从之者较多。

（《河北师范学院学报》1981 年第 3 期，该文原题为《"三餐"是"三饭"说商兑》，副标题为《〈庄子·逍遥游〉"三餐而返"解歧》，此次收入本书，为求标题前后一致，将副标题改为该文标题，特此说明。）

《庄子·养生主》校注辨正

　　陆长庚《庄子副墨》说："养生主，养其所以主吾生者也。"庄子认为人的精神先于人的形体而存在。认为人的形体如脂薪，是可以燃烧穷尽的，至于精神，却如不灭的火神，是永远存在的，而且是可以一直传下去的。这精神，便是生之主。它寓居于人的形体之中，庄子称它为"真君"或"真宰"。如能护养着使它始终保存着原始状态，即与生俱来的精神状态，不受外界事物的影响，便是神全。神全的人形体虽残而在精神上不会自以为残。养护生之主，必须排除一切的知识和智巧，驱除头脑中的思虑和欲念，纯任自然。《副墨》说："循乎天然之自然，安时处顺，将使利害不惊于心，而生死无变于己，然后谓之善养之人也。"善养的人可以达到等生死、去利害的忘我的虚空境界，对待外界事物便和庖丁解牛一样，"以神遇而不以目视"，"官知止而神欲行"。立身处世自可"缘督以为经"，"以无厚入有间"，永远置身于中空无碍之境，这样，便"可以保身"，"可以尽年"。前者是庄子思想境界中的哲理，后者是他立身处世的方法。二者在现实中好像是矛盾的，但在庄子的观念中却是浑然无间的，统一的。

　　吾生也有涯①，而知也无涯②。以有涯随无涯③，殆已④；已而为知者，殆而已矣⑤。为善无近名，为恶无近刑⑥，缘督以为经⑦，可以保身，可以全生，[可以养亲]⑧，可以尽年⑨。

注释：

① 涯：尽头，边际。

② 知：读为智，指心智活动。包括心思、思虑、欲望、妄想、智巧等等概念，不是现代人们观念中的所谓"知识"。《释文》"知音智"。以上的解释见林希逸的《庄子口义》、释德清的《庄子内篇注》、宣颖的《南华经解》、高秋月的《庄子释意》和林纾的《庄子浅说》。

③ 随：追逐，追求。

屈原《离骚》"背绳墨以追曲兮"。王逸注："追，犹随也。"

④ 殆：危殆，危险。

旧注多释为"疲困"，观下文"保身"、"全生"、"尽年"所表现的思想，应该释为危险。成玄英疏、《庄子口义》、《庄子内篇注》、《庄子释意》以及刘武的《庄子集解内篇补正》等书都释为"危殆"是正确的。已同矣。

⑤ 已而为知者，殆而已矣：已经危险了，而仍用心思虑（使用智巧），最终只有危险而已。

《庄子口义》："于其危殆之中，又且用心思算……其终于危殆而已。"《南华经解》："已相随于殆，犹自多其智，其危不可救。"已而的已承上文省略，等于说"已危殆矣"。蒋锡昌《庄子哲学·齐物论校释》："'已'承上文而省，此《庄子》省字法也。《养生主》'有涯随无涯，殆已；已而为知者，殆而已矣'，犹言'殆已而为知者，殆而已矣'。"《庄子集解内篇补正》："已，过事语辞，如《齐物论》'今我则已有谓矣'之已，言业已危殆，而仍以为知音，则更殆矣。""已"承接上文的"殆已"，"而"则引起下文，把意义更推进一层。这里使用了一个顶真词"已"，使上下文既相连系，又层次分明，而且语意加深、加重。这正是《庄》文简略、锋利而又回环迭宕的绝妙处。王引之《经传释词》读"已"为"此"，杨树达《词诠》言"已"等于"如此"（杨树达《庄子拾遗》同），意义虽勉强可通，却模糊了语言的层次，减弱了语势，而且失掉了语言的犹如叠嶂回环的曲致和光彩。

⑥ 为善无近名，为恶无近刑：做善事不要使接近善名，做恶事不要使遭到刑戮。无，毋，不要。

《庄子口义》说："为善无近名者，若以为善，又无近名之事可称；若以为恶，又无近刑之事可指。此即《骈拇篇》所谓'上不敢为仁义之操，下不敢为淫僻之行'也。"

⑦ 缘：顺着。督：窬的假借字，中虚，中空。经：径、道。

闻一多先生《庄子义疏》说："《说文》：'衣躬缝谓之裻，读若督。'躬缝即背缝。衣背缝谓之督，背缝居中央，故医家呼身后并脊裹而上之中脉曰督脉。《素问·骨空论》：'督脉者，起于少腹以下骨中央。'《灵枢·本输篇》：'七次脉：颈中央之脉，督脉也。'此督字当训中缝，谓两物中间空隙之地。字本当作俞（窬），《素问·奇病论》'治之以胆募俞'，王《注》曰：'背脊曰俞。'《说文》：'俞，空中木为舟也。''窬，一曰空中也。'俞、窬古今字。"衣背缝的裻又可写作裂、褵、褶。《说文》："裂，一曰背缝，读若督。"《方言》四："绕绲谓之褵裺。"郭璞注："褵，衣督脊也。"《广韵》："褶，衣背缝也。"督脉的督，衣背缝的裻等字，本字都当是俞或窬。窬后世多写作窦。《说文》筚字下许慎说："筚门圭窬。"今本《左传》襄公十年作"筚门闺窦"。《礼记·儒行》"筚门圭窬"，《释文》"窬音窦"，《说文》"窦，空也"。窬、窦都以空为义。《人间世篇》"无门无毒"，衣背缝的褚即从毒得声，门毒对文，门毒都有空隙的意思。章太炎《庄子解故》"毒当以声借为窦、窬等字"，甚是。"缘督以为经"和下文的"以无厚入有间"是同一思想。闻一多先生《庄子章句》读经为径。《吕氏春秋·有始篇》"生之大经也"，高诱注："经，道也。"径、道义同。

⑧ 闻一多先生《庄子校补》说："'可以养亲'不类《庄子》语，《容斋三笔》六、《记纂渊海》五二引并无此句，今据删。"

⑨ 尽年：尽天年。

庖丁为文惠君解牛①，手之所触，肩之所倚②，足之所履③，膝之所踦④，砉然嚮［然］⑤，奏刀騞然⑥，莫不中音⑦：合于桑林之舞⑧，乃中经首之会⑨。

文惠君曰："嘻⑩，善哉！技盖至此乎⑪？"

庖丁释刀对曰⑫："臣之所好者道也，进乎技矣⑬。始臣之解牛之时，所见无非全牛者⑭，三年之后，未尝见全牛也⑮。方今之时，臣以神遇而不以目视⑯，官知止而神欲行⑰。依乎天理⑱，批大卻⑲，导大窾⑳，因其固然㉑，技经肯綮之未尝㉒，而况大軱乎㉓！良庖岁更刀，割也㉔；族庖月更刀，折也㉕。今臣之刀十九年矣，所解数千牛矣，而刀刃若新发于硎㉖。彼节者有间㉗，而刀刃者无厚㉘；以无厚入有间，恢恢乎其于游刃必有余地矣㉙。是以十九年而刀刃若新发于硎。虽然，每至于族㉚，吾见其难为，怵然为戒㉛，视为止㉜，行为迟㉝。动刀甚微，謋然已解㉞，如土委地㉟。

提刀而立，为之四顾，为之踌躇满志㊱，善刀而藏之㊲。"

文惠君曰："善哉！吾闻庖丁之言，得养生焉㊳。"

注释：

① 庖：厨师。丁：人名。文惠君：即梁惠王。

《释文》："庖人，丁其名也。"成玄英疏："庖丁，谓掌厨丁役之人，今之供膳是也。"丁当是人名。《管子·制分篇》有屠牛坦解牛的故事（贾谊《新书·制不定篇》也作屠牛坦），《淮南子·齐俗训》作屠牛吐，《吕氏春秋·精通篇》与《庄子》同（《吕氏春秋》另有庖丁的故事，显系故事传说同时歧出的缘故）。坦、吐是人名；坦、吐、丁俱属舌头音，当是一声之转，而且故事又都相仿，显系同出一源，丁当是人名无疑。成疏谓丁是"丁役之人"，非是。

文惠君，《释文》引崔、司马云："梁惠王也。"《北堂书钞》一百三十三，《太平御览》三百四十六引并作惠文。梁惠王名罃，谥号惠文，与庄子同时，略早于庄子，死时庄子犹在。除本篇以外，全书另有三处记载魏王的事迹，《则阳篇》还记载了庄子穿着补丁衣服和破鞋会见魏王的故事。魏是中原大国，惠王在位五十一年（公元前369—前319），孟子一生就见过他多次，《孟子》书中记载着和魏王的极为有趣的对话，庖丁解牛是个寓言，不一定实有其事，庄子借魏王来讲故事阐述他的思想，正如孟子借与惠王的对话讲他的道理一样。

② 倚：靠。

③ 履：踩。

④ 踦（yǐ）：用一个膝盖顶住。

⑤ 砉然嚮〔然〕：砉音 xū，皮骨相离的声音。然，词尾。嚮同響。嚮下然字是衍文。

《释文》："本或无然字。"《庄子义证》说："砉然響，承上'手之所触'四句言也。当依一本去然字。"马说是，今删。

⑥ 奏刀：刀柄系有鸾铃，进刀割切时振铃作响，如奏乐然，故曰奏刀。砉（huō）然：用刀快割时发出的声音。

成玄英疏："进奏鸾刀，砉然大解。"王夫之《庄子解》："刀环有铃，所谓鸾刀。"闻一多先生《庄子义疏》说："成疏谓刀为鸾刀，至确。近世出土鸾刀，当环处有鸾，状与车鸾同。《小雅·信南山》传曰：'鸾刀，刀有鸾者，言割中节也。'《礼记·郊特牲》曰：'割刀之用，而鸾刀之贵，贵其义也。声和而后断也。'此刀谓鸾刀，故曰奏（《离骚》'吕望之鼓刀兮'，《天问》'鼓刀扬声后何喜'，彼刀亦谓鸾刀。鼓刀犹鼓钟鼓琴鼓瑟也），又曰'莫不中音'。"闻师释鸾刀至为明确，是知奏刀并非只单纯"进刀"的意思。《列子·汤问篇》"其触物也，砉然而过"，砉然是快速割开东西的声音。

⑦ 中音：合于音节。

杨慎《鼓刀中音》说："中音者，鼓刀之音节合拍也。"（见《升庵全集》卷四十四）

⑧ 桑林：本为桑山之林，商汤曾在这里祈雨，奏乐跳舞，所奏的乐曲即名桑林。这句是说不论庖丁的触、倚、履、踦都合于桑林之舞的节拍和旋律。

《吕氏春秋·顺民篇》："昔者汤克夏而正天下，天大旱，五年不收，汤乃以身祷于桑林。"高诱注："祷，求也。桑林，桑山之林，能兴云作雨也。"《左传》襄公十年："宋公享晋侯于楚丘，请以桑林。"杜预注："桑林，殷天子之乐名。"洪亮吉《春秋左传诂》："宋承殷之后，故得用桑林。"庄周是宋人，故易于用宋的乐舞为喻。

⑨ 经首：尧乐咸池的乐章名。会：合奏乐的节拍。

《释文》："向，司马云：'咸池乐章也。'"朱桂曜《庄子内篇证补》说："《路史后记·陶唐氏》'制咸池之乐，而为经首之诗以享上帝，命之曰大咸'，是'经首'，乃咸池乐章名也。《周礼·大司乐》郑注'大咸池尧乐也'。章炳麟以'经首'为'角调'，非是（章说见《庄子解故》）……《急就篇》三'五音总会歌讴声'，颜师古注'会谓金石丝竹匏土革木总合之也'，又《楚辞·九歌》'五音兮繁会'。"《文选》稽康《琴赋》"激清响以赴会"，李善注："会，节会也。"是会，是乐器合奏的节拍。

⑩ 譆：同嘻，赞叹声。

⑪ 盍：同盇，这里即"何"的意思。

王引之《经传释词》说："盇，字亦作盖。"并引本文说："言技之善何至于此也。"

⑫ 释：放下。

⑬ 进：超过。

成玄英疏："进，过也，所好者养生之道，过于解牛之技耳。"

⑭ 牛上当补全字。赵谏议本牛上有全字。闻一多先生《庄子章句》："《山谷外集》六《长句谢陈适用惠送吴南雄所赠纸》注引作全牛。《渊海》五五引同。""所见无非牛者"和《吕氏春秋·精通篇》"伯乐学相马，所见无非马者"句法同，意为所见的东西没有不是马的，即把所见的东西都认为是马。把所见的东西都认为是牛，和下文的"三年之后，未尝见全牛也"句义不对应。《庄子内篇注》说："言未得人道，则目前物物有碍，故始解牛之时，则满目只见有一牛。"又说："言初未见理，则见浑沦一牛。"《庄子因》说："有全牛。"王力先生主编的《古代汉语》也说："所看见的牛没有不是全牛的。""牛"，各家都作"全牛"解，牛上补"全"字意义方明确完整。王叔岷《庄子校释》谓赵谏议本牛上全字系涉下文"未尝见全牛也"而衍，非是。刘文典《庄子补正》说："'无非'下敚'死'字，'全'为'生'字之误。《吕氏春秋·精通篇》'宋之庖丁好解牛，所见无非

死牛者，三年而不见生牛'，《论衡·订鬼篇》'宋之庖丁学解牛，三年不见生牛，所见皆死牛也'，并以生牛死牛对言，是其塙证。"《吕览》、《论衡》所论的是庖丁学解牛时的精神专注状态，都把生牛看作死牛；本文所论是从庖丁初学解牛到技精道高的过程。彼此立论不同，所论述的内容不同，使用的文字自然不同。《补正》只就语言形式上的个别文字比勘，与本文论旨不合，"先生此解，或不免囿于异文"(张德光云南大学出版社本《庄子补正跋》)，不可从改。

⑮ 未尝见全牛也：未曾看见整个的牛。这是庖丁解牛的第二阶段。第一阶段，开始解牛时，见牛只看见整个的牛。第二阶段，熟悉了牛体内的窍理，即牛的骨架筋络等组织结构，所以一看见牛，即看到牛体内的窍理结构，目中便没有整个的牛了。到了第三阶段，解牛之道达到了精通神化的境界，便可"以神遇而不以目视"了。

⑯ 臣以神遇而不以目视：以精神（跟牛的组织结构）接触，而不用眼睛看。遇，会合，这里的意思是接触。

《庄子口义》说："由臣细观其牛，件件分析有一定天然之腠理，了然于心目之间，故方今解牛，不须目视，任乎所之，无不中理者。"

⑰ 官知：器官，知觉，这里只指视觉。止：停止，不用。神欲：精神，意念。行：运行，活动。

⑱ 天理：天然生成的组织结构。

⑲ 批：劈。卻：同隙，空隙，指骨肉交接处的空隙。

成玄英疏："间卻交际之处，用刀而批戾之，令其筋骨各相离异。"

⑳ 导：（把刀）引向，通向。窾：空，指骨节空处。

朱骏声《说文通训定声》说："窾借为空。"《南华经解》："引刀而入骨节之空。"

㉑ 因：顺着。固然：原来的样子，指牛体内本来的“卻”、“窾”。《庄子口义》：“骨肉之交际，骨节之空窾，皆固然者，我但因而解之。”

㉒ 技：当为枝，指枝脉，也称为络。经：指经脉。肯：附在骨上的肉。綮：筋肉盘结的地方。

俞樾《诸子平议》：“郭注以‘技经’为‘技之所经’，殊不成义。技经肯綮四字必当平列。《释文》曰：‘肯，《说文》作肎，《字林》同，著骨肉也，一曰骨无肉也。’綮，司马云‘犹结处也’。是肯綮并就牛身言，技经亦当同之。技疑枝之误。《素问·三部九候论》‘治其经络’，王注引《灵枢经》曰：‘经脉为裹支，而横者为络。’古字支与枝通。枝谓枝脉，经谓经脉，枝经犹言经络也。经络相连之处，亦必有碍于游刃。庖丁惟因其固然，故未尝碍也。”《太素·经脉之一》谓“肺手太阴之脉”至“肝手厥阴之脉”共十二经脉。经脉即主脉。《素问·离合真邪论》：“地有经水，人有经脉。”经水指江河等主流，经脉即主脉。十二经脉各有支脉。《素问·五常政大论》：“其实络濡。”王注：“络，支脉也。”支脉即络，枝经即经络。郭庆藩《庄子集释》引李桢说：“俞氏改技为枝，训为经络，说信塙矣。未尝二字，须补训义。依俞说，尝当训试，《说文》‘试，用也’，言于经络肯綮之微碍，未肯以刀刃尝试之，所谓因其固然者。”《庄子义证》谓技经系肢胫之误，并以綮为膂，经脶，言“肢胫肯綮均属于股”。仅按形误或音假，固然可通，但与《庄子》文义不合。庖丁所解的是整个的牛，非只牛股，所以技经肯綮也是就整个牛身上的组织说的；而軱是股骨，是牛身上最大的骨头，也是就全牛说的。成玄英疏：“夫技术之妙，游刃于空，微碍尚未曾经，大骨理当不犯。”即是就解全牛说的，但对“技经”的解释则是错误的。

㉓ 軱（gū）：髁的假借字，股骨。

《庄子义证》："借軱为髁。《说文》曰：'髁，髀骨也。'段玉裁曰：'髀骨犹言股骨，医经亦谓之股骨。'《汉书·贾谊传》：'屠牛坦一朝解十二牛，而芒刃不顿者，所排击剥割皆众理解也，至于髋髀之所，非斤则斧。'此可证軱之为髁也。瓤从瓜声，髁从果声，瓜果同属见纽，髁音溪纽，古读见溪皆浅喉音。"

㉔ 岁：每年。更：换。

《释文》："以刀割肉，故岁岁更刀。"

㉕ 族：众，这里的意思是"一般的"。折：砍断（肉和骨）。

《诸子平议》："郭注曰'中骨而折刀也'。此与文义未合，上文云'良庖岁更刀，割也'，割以用刀言，则折亦以用刀言。折谓折骨，非谓刀折也。"割谓割肉，折谓砍断肉和骨。良庖尚知避开骨头，而族庖则连肉带骨一齐砍断。

㉖ 发：新刀在磨石上上刃，今华北一带用锉刀磨锯仍叫发。

㉗ 节：骨节。间（jiàn）：间隙，缝儿。

㉘ 无厚：没有厚度，极言刀刃之薄。

㉙ 恢恢：宽绰的样子。游刃：犹俗语走刀。

《说文》："恢，大也。"阮毓崧《庄子集注稿本》："恢恢犹绰绰，大也，宽也。"言走刀时必绰绰乎大有余地。

㉚ 族：交错聚结，这里指筋骨交错聚结的地方。

㉛ 怵然：害怕的样子。戒：警惕。

㉜ 视为止：目光集中到一点。止，（视线）停止。

郭象注："不复属目于他物也。"

㉝ 行：动作。迟：缓慢。

㉞ 謋然：（牲体）解散的样子。謋，磔的假借字。

《南华经解》说："謋然，解貌。"陈寿昌《南华真经正义》说："解貌，谓倏忽之间，已自解也。"王闿运《庄子注》说："謋当作磔。"奚侗《庄子补注》说："疑謋系磔字之误。《广雅释诂》三'磔，

开也',与已解义相应。"杨树达《庄子拾遗》说:"謋,疑当假为
捇。《说文》十二篇上手部云:'捇,裂也,从手,赤声。'宣公六年
《公羊传》云:'赵盾就而视之,则赫然死人也。赵盾曰:'是何
也?'曰:'膳宰也。熊蹯不熟,公怒,以斗擎而杀之,支解,将使
我弃之。'《传》文赫亦捇之假。何注云'赫然,已支解之貌',是
也。"赫然与本文的謋然义同,而赫是捇、謋是磔的假借字,捇磔
音近义同。《公羊传》僖公三十一年疏引孙炎注说:"既祭,披磔
其牲,以风散之。"《礼记·月令》:"季春命国难,九门磔攘,以
毕春气。"磔即裂解犬羊等牲体。磔然是牲体解散的样子,和上文
的象声词"砉然"不同,所以下文说"如土委地"。

㉟ 委:堆积。

《文选》扬雄《甘泉赋》"瑞穰穰兮委如山"。李善注:"委,
积也。"

㊱ 踌躇:悠然自得的样子。满志:心满意足。

㊲ 善刀:拭刀。藏之:把刀藏在套子里。郭象注:"拭刀而
韬之也。"

㊳ 得养生焉:得养生之道。

成玄英疏:"魏侯闻庖丁之言,遂悟养生之道也。美其神妙,
故叹以善哉。"

公文轩见右师而惊曰①:"是何人也? 恶乎介也②? 天
与,其人与③?"曰④:"天也,非人也⑤。天之生是使独也⑥,
人之貌有与也⑦。以是知其天也,非人也。"

注释:

① 公文轩:姓公文,名轩。右师:官职名,此人可能曾任过

右师，故用官职名称呼他；是个受过刖刑砍掉了一只脚的人。

② 恶乎介也：怎么只有一只脚呢？恶（wū）乎，为什么，怎么。恶，代词，何。乎，介词，介绍原因，介当为兀，一只脚。

《释文》："介，崔本作兀，又作矼，云'断足也'。"《庄子内篇注》："言此是何等人，因何而刖足也。"《庄子义证》："本书《德充符篇》'鲁有兀者王骀'，又曰'申屠嘉，兀者也'，又曰'鲁有兀者叔孙无趾'，详文均为表亡者之称。此下文曰'天之生是使独也'，是为一足者明甚。当从崔本作兀。兀为矼省。矼为跀之或体。《说文》曰'跀，断足也'，通用刖字为之。"刖跀有别，《说文》"刖，绝也"，段玉裁注："凡绝皆称刖，故劓下云'刖劓也'。刖足则为跀，《周礼》'刖者使守囿'，此是假刖为跀。"

③ 天与，其人与：这是天命呢？还是人为的呢？其，连词。与，是……还是。

《释文》引司马云："为天命，为人事也？"《庄子内篇注》说："言去一足，为天使之欤？抑人为之欤？"天使之与天命义同。旧注和近人注解有释天为"天生"的，意即"生来如此"。这样解释不只使文义含混，且与庄子的思想不合。右师一足，因受了跀刑，此是人为而非天生至明。但在庄子的思想中，形全或形残是命定的，都当归之于天，故曰"天也"。形残的人如德全，就可安之若命而不以为形残。养生者养以神，神全则德全。

《德充符篇》兀者申屠嘉批驳子产说："自状其过以不当亡（足）者众；不状其过以不当存（足）者寡。知不可奈何而安之若命，惟有德者能之。游于羿之彀中，中央者，中地也，然而不中者，命也……吾与夫子（指申屠嘉和子产的老师伯昏无人）游十九年矣，而未尝知吾兀者也。今子与我游于形骸之内（以德相游），而子索我以形骸之外（以外形相交），不亦过乎！"《庄子》所讲述的形残者，都是从这一思想出发的。

④ 观下文的语气，当是公文轩自言自语的解答，并非右师的答话。

《南华真经正义》说："惊疑之后，自悟而自答也。"甚是。

⑤ 闻一多先生《庄子章句》说："虽由人事，亦是天意，故是天非人。"

⑥ 是：此，指足。独：一只脚。

⑦ 人之貌有与也：人的形体都是有两只脚。有与，犹言相侣，指两只脚成双。

郭象注："与，两足并行。"成玄英疏："与，共也。凡人之貌皆有两足共行。"《南华经解》："与，匹也。"闻一多先生《庄子章句》："与，侣也，两足相侣。"而《庄子集解内篇补正》却说："成、宣与郭注皆非。《周礼·春官·太卜》注：'与，谓予人物也。'《德充符篇》'道与之貌，天与之形'，此句言人之貌有赋与之者，即天与之，非人为也。"本文和《德充符篇》所论述的范围不同，《德充符篇》所论的只"天与之形"，本文则是天人对举。上句讲的"天"，此句论的"人"，前后两句是对立的两个方面，而且"与之"和"有与"的"与"词法和意义都不相同，不得以《德充符篇》的"与之"来释本文的"有与"。公文轩，实际则是庄子的思想逻辑：天生脚使它一只，人的形体都是有两只脚，因此知道这是天命而非人为。《庄子》中的推理很多是这样的。

泽雉十步一啄，百步一饮①，不蕲畜乎樊中②。神虽王③，不善也④。

注释：

① 泽雉：草泽里的野鸡。

《庄子口义》："泽中之雉，十步方得一啄，百步方得一饮，言其饮啄之难也。"

② 蕲：求。樊：笼。

③ 神虽王：精神虽然旺盛。王，旺的假借字。

④ 不善：不乐，不自得，不舒服。

《庄子口义》："盖笼中之饮啄虽饱，雉之精神虽若畅旺，而终不乐。"《庄子集注稿本》："不善即不自得之谓。"

老聃死①，秦失吊之②，三号而出③。弟子曰："非夫子之友邪④?"曰："然⑤。""然则吊焉若此，可乎⑥?"曰："然。始也吾以为其人也，而今非也⑦。向吾入而吊焉，有老者哭之，如哭其子；少者哭之，如哭其父⑧。彼其所以会之⑨，必有不蕲言而言⑩，不蕲哭而哭者。是遁天倍情⑪，忘其所受⑫，古者谓之遁天之刑⑬。适来，夫子时也⑭；适去，夫子顺也⑮。安时而处顺，哀乐不能入也⑯，古者谓是帝之县解⑰。"

注释：

① 老聃：即老子，姓李名耳，出生于陈国苦县(今河南鹿邑境内。陈于春秋末年——公元前 479——为楚所灭)，后世道家尊之为始祖，本书称之为博大真人。

成玄英疏："老君即老子也，姓李名耳，字伯阳，外字老聃，大圣人也，降生陈国苦县。当周平王时，去周西度流沙，适之罽宾，而内外经书，竟无其迹，而此独云死者，欲明死生之理泯一，凡圣之道均齐，此盖庄生寓言耳。而老君为大道之祖，为天地万物之宗，岂有生死哉！故托此言圣人亦有死生，以明死生之理也。"

② 秦失：失又作佚。失、佚都应读为逸。

《释文》："本又作佚。"《御览》五六一引秦失作秦夫子。

③ 号：大呼。

④ 弟子曰：非夫子之友邪：弟子问："不是老师的朋友吗？"弟子，秦失的门人，跟着秦失前去吊丧的，见秦失来吊死者，只大叫三声便走了出去，没有哭泣尽哀，故而怀疑死者不是老师的朋友。

焦竑《庄子翼》引吕注："吊之为礼，哭死而吊生，三号则哭死为不哀，无言而出，则吊生为不足，此弟子所以疑其为非友也。"马其昶《庄子故》却说："张之洞曰：'夫子谓老聃也。弟子，老聃弟子。下二夫子皆谓老子。'"根据这段对话的用词和语意，夫子是秦失，不是老聃，弟子是秦失的弟子。老聃的弟子如本书所记的庚桑楚等，都是深得老子之道的人，不会有这样的疑问，张马之说非是。

⑤ 然：这是我的朋友。

⑥ 然则吊焉若此，可乎：那么这样子吊他，可以吗？焉，代词，指老聃。

《庄子集解内篇补正》："弟子谓若此哀而不哭，于吊友丧之礼可乎？"

⑦ 始也吾以为其人也，而今非也：原先我认为他是人，现在才知道他不是。其，代词，指老聃。

陈景元《南华真经章句音义》："'其人也'文本作'至人也'。"王先谦《庄子集解》："'吾以为其人也'，谓真人不死。"《庄子集解内篇补正》说："注非。文如海本'其人'作'至人'，亦非。成玄英本作'其人'，与此本同，是也。惟成谓其人指老君弟子言，则非。宋刻赵本、明世德堂本，均作'其人'，其，指老子言；人，世俗之人也。谓始也，吾以为老子乃世俗之人也。如为世俗之人，吾当以世俗吊丧之礼哭之。""而今非也"句下，《庄子集解内篇补正》说："而今非世俗之人也，其死，亦非死也，乃是帝之县解也，吾何为以世俗之礼哭焉？此与《大宗师篇》孟子反、子琴张于子桑户死，相和而歌曰'而已反其真，我犹为人猗'之意同。故此句。直贯注下文'适来'一段。"刘解至确。关于此段的解释，自晋唐以来，众说纷纭，郭象以老子是"先物施惠，致此甚爱"，文如海又改"其人"为"至人"，林希逸《口义》从之。他说："庄子之学本于老子，此处先把老子贬剥，便于为贬剥尧、舜、夫子张本，道我于老子亦无所私，而况他人乎？"明释性通《南华发覆》已揭郭林二说之非，他说："此段多以老聃多情，爱人之深，其弟子辈致生哀泣，冤哉！聃淡然独与神明居者，岂于道为未至，而尚有系累耶？无奈不知其尽之人，以聃为实有死生，触景生变耳。与聃何预？聃漆园之师也，前此既讥议之矣，下文何以称其博大真人哉？若以此为言，则自相矛盾矣。"本书道及老聃者凡五十余处，尊崇备至，推他是博大真人，是道德境界至高的典型人物之一。郭林二氏的注解和庄子学派的思想甚为抵触，也和本书所描述的老子的思想和形象不合。况庄子及其门徒愈服膺老子，越会对尧舜和孔子有所贬剥和讥讽，不会以贬剥老子为贬剥尧、舜、孔子张本。本段对话语言简略，语义曲折，易生误解，文如海本"至人"之误，更为后世误解者增添了文字的根据。《太平御览》五六一引作"始也吾以为其人也，而今非人也"，"其人"不误，"非"下虽衍出一个人字，却说明抄录者对原句的理解还是正确的。

⑧ 闻一多先生《庄子章句》："母，释法琳《辨正论》引作父。"对老聃言当云"如哭其父"。《田子方篇》："其谏我也似子，其道我也似父。"也是子父对文。这里的母也当改为父。《章句》又说此哭者"皆妄执生死之见，故哀感若此其甚"。

⑨ 彼其所以会之：众人(指哭者)所以聚会在这里。彼，指哭

者。其，句中助词，这里等于之。会，聚。之，指示代词，作焉字用，于此。

成玄英疏：“彼，众人也。”《南华真经正义》：“彼谓吊者。会，聚也。”而《庄子口义》却说：“此必老子未能去其形迹，而有以感会门弟子之心。”以彼指老子，会为感会，并误。林氏以老子既非至人，因用俗情感人而致此。《庄子集解》也说：“言老子诚能动物。”亦非。《庄子集解内篇补正》说：“注非。彼指哭者，言彼老少所以相会聚言哭于此。”谳正王注，解析句义至当。

⑩ 不蕲：不期。言：（哭着）诉说。本句和下句是一语分说，二句的“言哭”，谓一面哭一面诉说。

《南华真经正义》：“言，哭中所数哀痛之词。众人会吊于此，或言或哭，如此之痛，殊非老子当日相期之本意。”

⑪ 遁天倍情：违反天道，背弃真情。倍，背的假借字。

《释文》：“遁又作遯。倍，本又作背。”《淮南子·泰族训》：“灵王则倍畔而去之。”《荀子·礼论》：“君子以倍叛之心接。”“倍畔”、“倍叛”并是背叛。本书《则阳篇》：“遁其天，离其性，灭其情，亡其神。”义即违反天道，离失本性，绝灭真情，丧失精神，和遁天倍情的思想意义是相同的。所谓真情，即受之于天，生而具有，未受外界丝毫影响的情愫。

⑫ 忘其所受：今众人如此哭吊死者，则是好生恶死的表现，这是忘掉了受命于天的道理。

闻一多先生《庄子章句》：“有生即有死，是人之所受于天者。”

⑬ 遁天之刑：违反自然之理（天道）而所受的刑罚，意思是说死是自然之理，贪生恶死，是违反自然之理，也是逃避命运的安排。今老子死后，众人为俗情所牵，哀感痛哭，这是在精神上自为桎梏，无异受刑。《德充符篇》论孔子的为学求名，无异自罹于不可解的桎梏，这便是“天刑”。《列御寇篇》的“古者谓之遁天之

刑"说郑国的儒者缓，违背天性，施展人为，矜功自是，自美其儒，这便是违反自然之理所受的桎梏，庄子称之为"遁天之刑"。

⑭ 适来，夫子时也：偶值来的时候，夫子应时而生。适，偶然。来，指生。夫子，指老聃。

⑮ 适去，夫子顺也：偶然死去，是夫子顺应天理而死。顺，顺应天理。

《庄子内篇注》："适来而有生，亦顺时而生也。适死而去，乃造化之所迁。而天真泰然，未尝有去来死生者也。"

⑯《庄子内篇注》："言生则安其时，死则顺其化，又何死而哀，而生可乐也，达其本无生死故也。"《南华真经正义》："安于时而处以顺，世情后起之哀乐，自不得入其胸中。"不只对待死生问题"安时而处顺"，立身处世都要这样。这是庄子的"养生主"之道，也是他的人生哲学。

⑰ 帝：天帝，主生死者。县：同悬，悬吊起来。庄子认为人们被死生观念所束缚，如同被天帝悬吊在半空一样的苦，如能忘生死，安时处顺，哀乐不入，便使帝之悬解。

成玄英疏："帝者，天也；为生死所系者为县，则无死无生者县解也。夫死生不能系，忧乐不能入者，而远古圣人，谓是天然之解脱也。"《庄子口义》："帝者，天也。知天理之自然，则天帝不能以死生系着我矣，言上天亦无可奈何我也，故曰帝之悬解。"《庄子内篇注》却说："帝者，生之主也，性系于形，如人之倒悬，今超然顺化，则解性之悬矣。"林云铭《庄子因》也说："人之生如物悬空中，死则解其悬而下矣。"释德清以帝只是生之主，并与林氏认为生为息，死为解，皆误。庄子是齐生死，并不是恶生好死，所以不是以生为苦，以死为解脱，二氏之说有乖庄子本意。《庄子》中的帝都是有意志的天帝或人帝，成玄英疏以帝指自然的天，亦非。

指（脂）穷于为薪，而火传也，不知其尽也①。

注释：

① 指（脂）穷于为薪，而火传也，不知其尽也：烛薪有烧尽的时候，而火却传续下去，没有穷尽的时候。这里以烛薪喻人的形体，火喻精神。

火上而字原缺，今依闻一多先生《庄子校补》补。

朱桂曜《庄子内篇证补》说："指为脂之误，或假，《国语·越语》：'勾践载稻与脂于舟以行。'注：'脂，膏也。'脂膏可以为燃烧之薪，故《人间世篇》云：'膏火自煎也。'此言脂膏有穷，而火之传延无尽，以喻人之形体有死，而精神不灭，正不必以死为悲，此秦失之所以三号而出也。郭以'前薪'训'为薪'，崔以薪火连读（郭注："为薪，犹前薪也。"《释文》："崔云，薪火，爝也。"），皆失之。"指，脂的假借字。《淮南子·墜形训》"无角者膏而无（当为兑）前，有角者指而无（兑）后"，庄达吉《淮南子笺释》："指应作脂，见《周礼》注。"王肃《孔子家语·执辔篇》引《淮南》"有角者脂而无后"，指正作脂。

闻一多先生《庄子义疏》说："古所谓薪，有爨薪，有烛薪，爨薪所以取热，烛薪所以取光。烛之言照也，所以照明者，故谓之烛。古无蜡烛，但以薪蒸裹动物脂肪而燃之，故或呼烛为脂烛，《书钞》一三引《说苑》'晨举脂烛'（今《权谋篇》敚此句），是也。或直呼为薪，《诗·汉广》'翘翘错（柞）薪'及此文是也。崔注曰'薪火，（此误以火字属上读）爝火也'，爝火即古取光之烛，故《逍遥游篇》曰：'日月出矣，而爝火不息，其于光也，不亦难乎！'《释文》'爝一作燋'。《礼记·少仪》'主者执烛抱燋'，郑注'未爇曰燋'，是爇者曰烛也。崔以燋释薪，而爝（燋）即未爇之烛，是崔意薪即烛薪矣。(凝者曰脂，释者曰膏，脂以燃烛，膏以燃灯。虽脂膏古或通称，而此文则指燃烛之脂。朱氏误为一谈。)"

庄子以烛薪喻形体，以火喻精神，说明精神不灭的道理，为后世所宗。汉至南朝以薪火喻形神，神灭与神不灭的辩争几达五百年，汉代的唯物主义者桓谭，以烛喻形体，以火喻精神，他说："精神居形体，犹火之燃烛矣。……气索而死，如火烛之俱尽矣。"(《弘明集·新论形神》)东晋慧远说："火之传于薪，犹神之传于形；火之传异薪，犹神之传异形。……惑者见形朽于一生，俱以为神情俱丧，犹睹火穷于一木，谓终朝都尽耳。"(《弘明集·沙门不敬王者论——形尽神不灭》)宋郑道子说："薪所以生火，而非火之本，火本自在，因薪为用耳。……故薪是火所寄，非其本也。形神相资亦犹此矣。"(《弘明集·神不灭论》)薪火之喻源于庄子，神不灭论者的立论都与庄子相同。后代烛的制作已有不同，而桓谭的烛火之喻，烛的意义仍与庄子的脂薪相合，其他论者，都以薪为木柴，已失古义。

(《河北师院学报》1981 年第 3 期)

《庄子·人间世》校注辨正

颜回见仲尼①请行②。

曰："奚之？"

曰："将之卫。"

曰："奚为焉？"

曰："回闻卫君③，其年壮，其行独④，轻用其国⑤，而不见其过，轻用民死⑥，死者以国量乎泽，若蕉⑦，而民无如⑧。回尝闻之夫子曰：'治国去之，乱国就之，医门多疾⑨。'愿以所闻思其则⑩，庶几其国有瘳乎⑪！"

仲尼曰："譆⑫！若殆往而刑耳⑬！夫道不欲杂⑭，杂则多⑮，多则扰⑯，扰则忧，忧而不救⑰。古之至人，先存诸己而后存诸人⑱。所存于己者未定⑲，何暇至于暴人之所行⑳！且若亦知夫德之所为荡，而知之所为出乎哉㉑？德荡乎名，知出乎争。名也者，相轧也㉒；知也者，争之器也㉓。二者凶器，非所以尽行也㉔。且德厚信矼，未达人气㉕；名闻不争，未达人心㉖。而强以仁义绳墨之言术暴人之前者㉗，是以人恶育其美也㉘，命之曰菑人㉙。菑人者，人必反菑之，若殆为人菑夫㉚！且苟为悦贤而恶不肖，恶用而求有以异㉛？

若唯无詔³²，王公必将乘人而斗其捷³³。而目将荧之³⁴，而色将平之³⁵，口将营之³⁶，容将形之³⁷，心且成之³⁸。是以火救火，以水救水，名之曰益多³⁹，顺始无穷⁴⁰。若殆以不信厚言⁴¹，必死于暴人之前矣。且昔者桀杀关龙逢⁴²，纣杀王子比干⁴³，是皆修其身以伛拊人之民⁴⁴，以下拂其上者也⁴⁵，故其君以其修以挤之⁴⁶。是皆好名者也⁴⁷。昔者尧攻丛、枝、胥敖⁴⁸，禹攻有扈⁴⁹，国为虚厉⁵⁰，身为刑戮⁵¹，其用兵不止，其求实无已⁵²。是皆求实者也⁵³，而独不闻之乎⁵⁴？名、实者，圣人之所不能胜也⁵⁵，而况若乎！虽然，若必有以也⁵⁶，尝以语我来⁵⁷！"

颜回曰："端而虚⁵⁸，勉而一⁵⁹，则可乎？"

曰："恶！恶可⁶⁰？夫以阳为充，孔扬⁶¹，采色不定⁶²，常人之所不违⁶³，因案人之所感⁶⁴，以求容与其心⁶⁵。名之曰日渐之德⁶⁶，日渐之德不成⁶⁷，而况大德乎⁶⁸！将执而不化⁶⁹，外合而内不訾，其庸讵可乎⁷⁰！"

"然则我内直而外曲⁷¹，成而上比⁷²。内直者，与天为徒⁷³。与天为徒者，知天子之与己皆天之所子⁷⁴，而独以己言蕲乎而人善之⁷⁵，蕲乎而人不善之邪？若然者，人谓之童子，是之谓与天为徒⁷⁷。外曲者，与人为徒也⁷⁸。擎、跽、曲拳⁷⁹，人臣之礼也。人皆为之，吾敢不为邪！为人之所为者，人亦无疵焉⁸⁰。是之谓与人为徒。成而上比者，与古为徒。其言虽教谪之也，实古之有也，非吾有也⁸¹。若然者，虽直亦无病⁸²。是之谓与古为徒，若是，则可乎⁸³？"

仲尼曰："恶！恶可？大多⁸⁴，政而不谍⁸⁵，虽固，亦无罪⁸⁶。虽然，止是耳矣⁸⁷，夫胡可以及化⁸⁸！犹师心者也⁸⁹。"

颜回曰:"吾无以进矣⑨,敢问其方㉑。"

仲尼曰:"斋㉒,吾将语若。有心而为之㉓,其易邪㉔?易之者㉕,皞天不宜㉖。"

颜回曰:"回之家贫,唯不饮酒、不茹荤者数月矣㉗,如此,则可以为斋乎?"

曰:"是祭祀之斋㉘,非心斋也㉙。"

回曰:"敢问心斋。"

仲尼曰:"一若志㉚,无听之以耳而听之以心,无听之以心而听之以气㉛。耳止于听㉜,心止于符㉝。气也者,虚而待物者也㉞。唯道集虚㉟。虚者,心斋也。"

颜回曰:"回之未始得使,实有回也㊱;得使之也㊲,未始有回也,可谓虚乎?"

夫子曰:"尽矣!吾语若,若能入游其樊而无感其名㊳,入则鸣㊴,不入则止㊵;无门无毒㊶,一宅而寓于不得已,则几矣㊷。绝迹易,无行地难㊸。为人使,易以伪㊹,为天使,难以伪㊺。闻以有翼飞者矣,未闻以无翼飞者也㊻;闻以有知知者矣,未闻以无知知者也㊼。瞻彼阕者,虚室生白㊽,吉祥止之㊾。夫且不止,是之谓坐驰。夫徇耳目内通而外于心知㊿,鬼神将来舍,而况人乎!是万物之化也㊿,禹、舜之所纽也㊿,伏羲、遂人之所行终㊿,而况散焉者乎㊿!"

注释:

① 颜回和孔子的对话是庄子虚构的。孔子原是庄子批判的对象,在这里却成了宣扬庄子学说的人物。

② 请行：辞行。《吕氏春秋·审应篇》"孔思请行"，高诱注："行，去之他也。"

③ 卫君：盖指卫出公辄。《释文》："司马云'卫庄公蒯聩也'，案《左传》卫庄公以鲁哀十五年冬始入国，时颜回已死，不得为庄公，盖是出公辄也。"姚鼐《庄子章义》："卫君，托词，以指时王糜烂其民者。"卫出公辄（前后共在位二十年，前公元前492—前481，后公元前476—前469）与庄公蒯聩（在位三年，公元前480—前478）都专横暴虐，残害臣民。颜回求往见卫君的事，虽是虚构，而卫君无道，糜烂百姓，却是事实。庄子言此事时，当有一个残暴的卫君影子在记忆之中，并非如姚鼐所言，纯系"托词，以指时王糜烂其民者"。考颜回之死当卫出公三年（公元前490），其父蒯聩为卫君在颜回死后，且年事已长。而出公初为卫君时，正值壮年，这一点庄子指的是很具体的。当时孔子的弟子仕于卫的有子路和子羔，子路死于出公之难。所以，这里的卫君，指的当是出公辄。

④ 行独：做事专断。

⑤ 轻用其国：处理国事轻率。

⑥ 轻用民死：用兵、使用民力无定时，轻率地置人民于死地。

⑦ 以国：就全国来看，意即全国。以，介词，以……论，就……说，就……看等（参看杨树达《词诠》卷七）。量：满。乎：同于。《吕氏春秋·期贤篇》："无罪之民，其死者量于泽矣。"高诱注："量犹满也。"量乎泽和量于泽义同。若蕉：全国的草泽里躺满了死尸，像砍倒的麻一样。蕉，《说文》"生麻也"。即砍倒而尚未沤治的麻。全句的意义犹言死人如麻。《吕氏春秋·禁塞篇》："壮佼老幼胎膭之死者大实平原，广堙深谿大谷。"与此情况相同。释文引向注蕉为草芥，崔注为芟刈。王船山《庄子解》王敬

注："蕉谓草苇之聚也。蕉叶经霜，状极狼狈，泽中之草苇似之。"卢文弨《庄子释文考证》读蕉为樵，训为芟夷。都是望文生义，毫无根据，俱非。《庄子集释》引郭嵩焘云："蕉与焦通，若焦者，水竭草枯如火爇然。"朱桂曜《庄子内篇证补》从其说。蕉读为焦，意义和上文不连贯，亦非。章炳麟《庄子解故》言："国不可量乎泽，当借为馘。"并以泽为泽宫，"即天子诸侯讯馘之处"，又说："泽宫即辟雍。天子馘在辟雍，诸侯馘在泮宫；泮宫亦在泽。"考《诗·鲁颂·泮水》"在泮献馘"，《大雅·皇矣》毛传云："不服者杀而献其左耳曰馘。"古代奴隶社会时代与敌国交战，割敌方战死者的左耳献于泽宫，或割下首级献于祖庙，也有抱着杀获的头颅在祖庙前跳舞的。但这都是指对待敌人说的，古籍记载向无把本国的死者割掉左耳献于泽宫的。本文所说的死者，显系本国的"民"，章氏以国为馘的借字，以泽为泽宫，非是。清人吴世尚《庄子解》、林云铭《庄子因》、陈寿昌《南华真经正义》、近人朱桂曜《庄子内篇证补》都以"死者以国量"绝句，前三氏并以"乎"是"平"之讹，朱氏则以"乎"是"其"之误，牵强为训，均非。

⑧ 无如：无奈。自郭象以来，各家多解为无所依归或无所归往。刘武《庄子集解内篇补正》说："非。《秋水篇》'予无如矣，今子之使万足独奈何'，言予使一足，尚无如之何，今子使万足，独奈之何哉？此句与'予无如矣'同一句法，谓民无如卫君之暴何也。"刘说是。这句是说人民没有了办法，不是无所依归。

⑨ 医门多疾：医生门前病人多。疾，病人。这句是借病人需要医生救治，以喻乱国需要贤者去救治。

⑩ 愿以所闻思其则：根据从老师这里听到的道理，考虑（救治卫国的）方法。愿，愿意，表示自觉自愿地，有的注解释为"希望"，非是。希望多表示对人，这里是自我表态。则，陈碧虚《庄子阙误》引李氏本作"所行"，注解家多从之，依上下文意仍以

"则"为是。则，法。指救治卫国的方法。上文言"乱国就之"，并以"医门多疾"为喻，其立意即在"救治"。此句接言"愿就从老师这里听到（学得）的道理，考虑救治卫国的方法"，仍紧扣"救治"而言，故下句紧接着说"庶几其国有瘳乎"。一种思想贯穿下去，文从字顺。如中间夹杂"思其所行"，却把话意荡开了，反而没有"思其则"和上下文连接的更紧密，思想更为一致。所以"则"不应据李氏本改为"所行"。马叙伦《庄子义证》读思为伺，读则为侧，改"思其则"为"伺其侧"，以己意牵强寻证，随便改字，不可以。

⑪ 瘳：病愈。此句言其国或可治愈。

⑫ 譆：象声词，不以为然地嬉笑声。

⑬ 若：你。殆：只怕。刑：用作动词，遭刑戮。

⑭ 道：这里指庄子所说的人之所以成为人应当有的根本的东西，它是灵通虚无的。杂：不纯粹专一，意即杂念。

⑮ 多：思绪繁多。

⑯ 扰：乱。

⑰ 吴汝纶《庄子点勘》说："憂憂读如《楚辞》伤余心之忧忧，俗读上憂字绝句，非是。"自"道不欲杂"至"憂而不救"是一串顶真句。杂、多、扰、憂是四个顶真词，层次分明，不应从吴氏绝句。屈复《南华通》说："杂非但私欲缠扰之谓，即治己治人之念纷然并起，亦谓之杂。杂则不虚，多则不一，不虚不一，心中扰乱，则内忧外患齐至矣。"颜回自己尚未至道，却欲往救治卫国，谏正卫君，正中孔子所言的弊端。闻一多先生《庄子内篇校释》说："救，治也，不救，谓不可救治。"

⑱ 存：存在；这里用作使动词，使（道）存在。诸：之于的合音，之代上文的道。本句是说先存道于自己，即把道存于自己的胸中。《老子》六章："绵绵兮其若存，用之不勤。"《齐物论》："道恶乎往而不存。"《楚辞·远游》："壹气孔神兮，于中夜存，虚以

待之兮，无为之先。"存的意义都和本篇相同。道是天地之根，万物之母，可以化育万物，人自身存了道，则可以应事接物。这时与人交接，自可于无言无为中使此道化施他人，自然地使他人改恶归善。颜回则远不及此。释德清《庄子内篇注》说："言古之至人涉世，先以道德存乎己，然后以己所存施诸人。"所解至切。成疏释存为"立"不合《庄》旨。

⑲ 定：固定，稳定。言存于己身的道还没有达到固定纯一的地步。《南华通》说："谓有杂、多、扰、忧之患。"

⑳ 何暇至于暴人之所行：哪有工夫顾及到卫君所做的事情。暴人，指卫君。

㉑ 闻一多先生《庄子校补》："荡上本无为字。案当有为字，与下句一律。郭注曰：'德之所以流荡者，矜名故也；知之所以横出者，争善故也。'以两'以'字释两'为'字，是郭本上句正有为字。今据补。"林希逸《庄子口义》："德，自然也；知，私智也。"德指所得于天的东西，庄子所认为的原始形态的纯朴的德性。知读为智，指智虑、智巧、欲念等。下二知字同此。荡，散失，败坏。所为荡意即所以荡，荡失的原因。出，生出。

㉒《释文》引崔譔云："札亦作軋。"今本作軋，依文意当作軋，札是假借字。《说文》："軋，輾也。"輾，俗作辗。《正字通》："軋，势相倾也。"阮毓崧《庄子集注稿本》："《庚桑楚》篇'举贤则民相軋'。軋，倾也，伤也。言彼此矜名，则必互相倾軋毁伤也。"《说文》："札，牒也。"与本文意义不合。《庄子内篇证补》说札是正字，非是。

㉓ 知也者，争之器也：才智是竞争的工具。《庄子集注稿本》："器犹具也。"今言犹工具、手段。

㉔ 所以："用……来"。尽行：规范行为，支配行为。所，指示代词。以，介词。二者结合和后面的动词"尽"、宾语"行"组成

名词性词组（包括前面的非），用作"二者凶器"的谓语。意思是不可用来规范行为，换言之即不可作为行为的标准。其意义亦即不可用二者来支配行为。吴世尚《庄子解》说："非制行之美道。"解释的尚属切合。成玄英疏为"尽不可行于世"，宣颖《南华经解》释为"非所以尽乎行事之道"。近人注解或从成，或从宣，俱非。亦有以《荀子·荣辱篇》的杨倞注解此尽行的。《荣辱篇》说："故仁者在上，则农以力尽田，贾以力尽财，百工以巧尽器械，士大夫以上至于公侯莫不以仁厚智能尽官职。"杨倞注："尽谓精于事。"尽田，尽财，尽器械，尽官职也可说成尽于田，尽于财，尽于器械，尽于官职。尽于的意义是"完全用于"并非"精于事"，杨倞注亦非。

㉕ 且德厚信矼，未达人气：虽说自己德性纯厚，言行信实，但未沟通对方的感情。矼《说文》作硈，云"水边石也"，这里借作鞏，坚固，确实。达，通。人，这里指对方。气，性气，这里犹言感情。

㉖ 名闻不争，未达人心：虽说自己不争名誉，但对方并不了解。名闻同义，名誉。达人心，达，意动词，使对方心通，即使对方了解。

㉗ 绳墨之言：合乎礼法的话。术：读为述，述说，暴人指卫君。述是紧接上文"仁义绳墨之言"说的。《庄子阙误》引江南古藏本术作衒。《庄子内篇注》言术是衒的形误，近人多从之。细绎文意，仍当以衒为是。下文虽有"育其美"，但那是对方听者的主观感觉，言谈"仁义绳墨"者并无此意，如言谈者先存夸耀之心，暴人以彼是"育其美"，这是暴人有知人之明，便无可非议了，故术不得改为衒。或读者见下文有"育其美"便臆改上句的术为衒，以求表面的一致，但却忽略了《庄子》文思细密谨严的特点。

㉘ 俞樾《诸子平议》说："《释文》'恶，乌路反'，非也。美恶

相对为文，当读如本字。有者，育字之误。《释文》云'崔本作育，卖也'经传每以鬻为之。'以人恶育其美'，谓以人恶鬻己之美也。"育，鬻的假借字，矜夸，卖弄。其和上文的人相对，指自己。《庄子集解内篇补正》说"指仁义绳墨"，非是。

㉙《庄子集注手稿》："命，名也。菑，古灾字。"《吕氏春秋·审时篇》："稼就而不获，必遇天菑。"高诱注："菑，害也。"菑人，害人。

㉚ 若殆为人菑夫：和上文"若殆往而刑耳"相呼应。

㉛《庄子内篇注》："且彼卫君诚有悦贤而恶不肖之心，则彼国自有贤者，何用汝特往而求以显异耶?"《南华通》："若卫君果能好贤，则彼自有人，何用汝去表异!"

㉜ 若：你。唯：只有。詻：原作诏，《释文》引崔本作詻。《说文》："詻，讼论也。"又："讼，争也。"讼论即争论。依文意当以詻为是，今正。但崔训詻为逆击，并读"若唯无詻王公"绝句，意义不通，非是。此下省略"如有詻"一句。

㉝ 王公：指卫侯。乘人：陵人，陵驾人之上。《国语·周语中》："乘人，不义。"韦昭注："乘，陵也。"捷：捷给，捷辩。吕惠卿《庄子义》："彼必乘人而斗其捷辩。"《南华通》："夸其敏捷，所谓御人以口给也。"意即以凌驾人的气势，与谏者相争，以夸示其口快善辩。《庄子口义》谓乘人是"乘汝言语之间"，王先谦《庄子集解》谓"乘人之隙"，俱非。

㉞ 而目将荧之：你的两眼将眩惑迷乱。而，你。荧，郭庆藩《庄子集释》言为眢的假借字。《说文》："眢，惑也。"言内心虚怯无主，两眼眩惑，不敢正视对方。

㉟ 色将平之：颜色平和。言盛气下降，面色极力表示平和，以求缓和紧张的气氛。

㊱ 口将营之：口里为自救而解说。郭象注："自救解不暇。"

《庄子口义》"自将营救解说也"，《南华经解》"口将自拔"，词义情理俱合。林云铭《庄子因》解为"吻间欲吐未能"，《南华通》解为"嗫嚅"，和营的意义不合，俱非。

㊲ 容：容色举止。形：表现出来。闻一多先生《庄子章句》说："形，见也。气色卑柔，举止恭谨。"

㊳ 心且成之：心里屈从了对方。闻一多先生《庄子章句》说："成，就也，终且内心和同，舍己之是以从人之非也。"

㊴ 益多：言增多卫君的罪恶。

㊵ 始：开始。穷：穷尽，终止。言开始顺从，便没有终止的时候了。于鬯《香草续校书》言："此始字为语辞，即未始之始也，后人多误为始终之始，殆文不成义。"此始字和穷对言，义为始终之始无疑，若如于氏言，则始为副词，和无穷意义矛盾，不得作为无穷的状语，于说非是。于省吾《庄子新证》读顺为慎，穷，困也，说："上言颜回之卫，孔子阻之，故以慎始无困为言也。"顺和慎古可通用，但本文若读顺为慎，只就本句言，义固可通，而上下文意却不相连属。而且本篇孔子教颜回者是以虚为极，虚则可物我两忘，己化而物自化，慎始和此理不合。"慎始无困"是儒家思想，于氏所解有乖《庄子》本旨。

㊶ 若：你。殆：将。信：诚。厚：多。吴汝纶《庄子点勘》："厚，多也。"闻一多先生《庄子章句》说："年深月久，汝将以不忠不信之言言于君前。"以不忠不信释不信，至确。口营、容形、心成正是不信的开始，习以为常，必多诈伪之言，终将取败，死于暴君之前。

㊷ 关龙逢：夏桀时的贤臣，因谏桀而被杀。

㊸ 比干：殷纣王的叔父，因谏纣王而被挖心。

㊹ 俞樾《诸子平议》："下字衍文。'修其身以伛拊人之民'，不当有下字，涉下文'以下拂其上者也'，因而误衍耳。"俞说是，

当从删。马叙伦《庄子义证》：“以下二字涉下文而羡。”言当并删“以下”二字。以，介词，表动作所用的办法。伛拊《淮南子·本经训》作呕咐，怜爱的意思。“修其身以伛拊人之民”即“以修其身呕咐人之民”，意即“用提高他们的道德修养的办法去怜爱国君的人民”，并删“以下”的以字就成了文义不通的破句，马说非。

㊺ 拂：触怒。吴汝纶《庄子点勘》认为上句的“以下”二字贯下为文，本句的“以下”二字为浅人妄增，当删，盖同是不明句法的缘故。

㊻ 修：自修为善。《后汉书·张衡传》：“伊中情之信修兮。”李贤注：“修谓自修为善也。”以用同而。挤：排陷。

㊼ 是：此，指关龙逢、比干二人。是下当补皆字。闻一多先生《庄子校补》说：“皆字依文义补。”下文“是皆求实者也”，即有皆字，二句句法相同，本句也当有皆字，今从补。

㊽ 丛、快、骨敖：原作丛、枝、胥敖。丛即崇，快即郐，骨敖即屈敖。崇、郐、屈敖，三小国名。奚侗《庄子补注》：“丛枝胥敖《齐物论篇》作宗脍胥敖。丛宗音近，枝疑快之误，枝快形近，快脍音近。”《庄子义证》：“其说是也。《说文》哙读为快。《公羊春秋》昭二十七年‘邾娄快来奔’。《释文》‘快本作哙’，是其例证。”孙诒让《札迻》卷五：“宗脍当即丛枝，宗盖即崇之叚字（宗、崇，声类同。《书·牧誓》‘是崇是长’，《汉书·谷永传》引崇作宗）。”《国语·周语下》“其在有虞有崇伯鲧”，韦昭注：“崇，鲧国。”《史记·周本纪》“伐崇侯虎”，正义：“虞、夏、商、周皆有崇国，崇国盖在丰镐之间。”奚侗谓枝系快的误字，快是脍的借字，甚是。脍《毛诗》作桧，《释文》“本又作郐”。《说文》“郐，祝融后”。《诗谱》“郐者，古高辛氏火正祝融之墟”。郐是祝融国名，地当今河南密县东北。《札迻》又说：“胥或当作骨，骨敖即屈骜。俗书胥作‘肯’，与骨相似，骨屈音近字通。”《吕氏春秋·召类篇》云：

"禹攻曹、魏、屈骜、有扈。"故疑与骜字通。高诱注《吕览》说:"《春秋传》曰:'启伐有扈。'言屈骜,不知出何书也。"

㊾ 有扈:有,名词词头。扈,夏禹时的国名,地当今陕西户县以北。

㊿ 国为虚厉:使四国成为虚厉。国,指以上四国。虚,同墟,废墟。厉,人口灭绝没有后代为厉。

(51) 身为刑戮:使四国的国君身被刑戮。身,指四国国君。为,被。

(52) 其:指尧与禹。实:利。胡远濬《庄子诠诂》说:"实谓货财币帛之实。"

(53) 闻一多先生《庄子章句》说:"求下旧衍名字,依文义删。"

(54) 而:尔,你。

(55) 胜:克服。

(56) 若:你。以:名词,理由。《诗·邶风·旄丘》"何其久也,必有以也",与本句的"以"意义相同(参看杨树达《词诠》466页)。

(57) 尝:试。来:句末语气词,表示希望,这里略等于现代汉语的"吧"。

(58) 端:端正,言态度端正。虚:虚心。

(59) 勉:尽力从事。一:一致,意谓始终如一,内外如一。这里意谓不因对方的压力而改变决心和持身之道。这是颜回针对上文孔子所提出的目荧、色平、口营、容形、心成等问题而作的表白。

(60) 恶:叹词,略等于现代口语的"啊"。恶可:哪里行。恶,疑问代词作宾语。

(61) 夫以阳为充,孔扬:自以为外貌没有瑕疵,很是扬扬自得。阳,外貌。《左传》僖公十五年"阴血周作",孔颖达疏:"阳为外。"马其昶《庄子故》:"外貌为阳。"充,全。《列子·仲尼篇》"南郭子貌充心虚"，张湛注"充犹全也"。全在本篇是无瑕疵的意思。孔，甚。扬，扬扬自得。《庄子口义》："其貌甚扬扬自得。"这是孔子批驳颜回所说的"端而虚"的。

⑫ 采色不定：神采气色不静定。陈寿昌《南华真经正义》说："颜色闪烁，未能自然。"这和《逍遥游》所说的与道合一的人"其神凝"正相反。

⑬ 常人之所不违：这和一般人没有不同的地方。常人，一般人。所不违，没有不同的地方。违，异。《文选》卷二四陆机《赠冯文罴迁斥丘令》诗"穷达有违"，李善注引贾逵《国语解诂》说："违，异也。"吴汝纶《庄子点勘》说："阳为充，孔扬，而采色不定者，盖貌为端虚者也，此常人之所行耳。"颜回自以为貌充心虚，并始终如一的去感化卫君，便不是真的宁定专一。吕惠卿《庄子义》说："端而虚，非至虚也；勉而一，非至一也。"王夫之《庄子解》说："前之端虚勉一者，以为存诸己也，而所存者非己也，与物相刃相靡，案人之感以责人，而自恃其仁义，故虚者非虚，一者不一也。"吕、王二氏所见极是。所以孔子批评颜回说和常人一样。《列子·仲尼篇》记载"南郭子貌充心虚，耳无闻，目无见，口无言，心无知，形无惕"，张湛注说："充犹全也，心虚则形全矣，故耳不惑声，目不滞色，口不择言，心不用知，内外冥一，则形无震动也。"像南郭子这样与道合一的人，才可以化人，而南郭子何尝自以为"端"，自以为"虚"，并立志始终如一地去劝化他人呢？《德充符篇》所记载的"才全而德不形"的哀骀它，与一般人相处，不言而人自亲；与卫君相处，未期年而卫君愿授之以国。颜回距南郭子、哀骀它则远甚，孔子说他"恶不可"者即在此。

自郭象以来历代注解家多以"夫以阳为充，采色不定"（主语），至"常人之所不违"（谓语）这一句话是指卫君说的，若此，不仅上下文意不相连贯，且上文的"端而虚，勉而一"便没有交代；颜回的这一办法不被孔子驳回，下文的"内直外曲，成而上比"便没有来由。《庄子内篇证补》用了大段的文字来解释这一句，最后并说："数语最为艰奥，成疏不免舛误，用特详之。"而陈氏仍未能予以正解。吕惠卿、吴世尚、王夫之、陈寿昌、严复、胡远濬等人的解评虽然还不够明晰确切，但却一反郭象之非，而说这句话是指评颜回的，可谓已洞察文理。对此明见，惜后世注者，仍未能深加思辨，俾求其正。

⑭ 因案：依据。案，据。《荀子·不苟篇》："非案乱而治之之谓也。"杨倞注："案，据也。"闻一多先生《庄子内篇校释》说："依据人君心之所感者而言之也。"正以"依据"释"因案"。人：对方，这里指卫君。所感：情趣，爱好。

⑮ 容与：徐动，慢慢地感动。《庄子解》王敔注："容与，徐动之也。言我因察人之情，以求动其心。"

⑯ 日渐之德：日日缓进的道德，亦即日日积成的小德。渐，缓进。《说文》走部有趣字，是缓进意义的本字，后者用渐而废趣。

⑰ 闻一多先生《庄子章句》说："'日渐之德'四字原脱，依文义补。"今本语法和意义都不完全，补此四字方足，当照补。

⑱ 大德：义同大得，即得之于天而毫无亏损，也就是与道合一的道德。《知北游》："道不可闻，闻不若塞，此之谓大得。"大得的意义与此大德同。

⑲ 执：固执。化：感化，改变。这一句上承"日渐之德不成"，言卫君将固执而不受感化。下文"胡可以及化"的"化"与此化字义同，均指卫君而言。高秋月《庄子释意》说："卫君必固执而不从。"以此句指卫君，至碻。《南华通》以为仍指颜回的"端而虚"言，非是。

⑳ "外合而内不訾"和"其庸讵可乎"二句应连读。意思是表面相合而内心不憎恶，哪里能办得到呢？訾，毁，憎恶。"其"同

岂，和"庸讵"都是反诘副词。"其庸"可以连用，《左传》襄公三十年："其庸可媮乎？"庸与讵同义，故或称庸讵。（参看王引之《经传释词》第三 42—43 页）《大宗师》："庸讵知吾所谓天之非人乎？"又："庸讵知吾所谓吾之乎？"知"庸讵"是《庄子》的常用语。关于这二句的断句，因前代注者多不得其确解，至为分歧。《庄子义证》以"不"为羡文。《南华通》读"不"为否，且断至否字为止，"訾"独为一句，林云铭《庄子因》以"訾其庸"为句。关于各家的断句，陆树芝的《庄子雪》已斥其非。各家句读和训释分歧的原因，一在不明本段的思想及其意义，二在不知"庸讵"是一个词，不得拆开，故均为之主观臆断，莫衷一是。

⑦ 内直：内心正直。外曲：外表委曲婉顺。

⑦ 成而上比：决定谈什么问题，或判决、处理政事都比照着古代的事例。成，名词，成说、成法、成例，即《周礼》中所说的"官成"、"邦成"。当时通称成事品式，汉代称为决事比。古代官府判决、处理政事或讼案必须比照先例作为依据，所谓决事比，即判处政事的例子。成原为名词，这里用作动词，比照着成事品式谈论判决处理政事，或比照着前人的案例而判狱定案都叫成。比，比照，用作名词义即例子。《周礼·天官·太宰》："以八法治官府……五曰官成，以经邦治。"贾公彦疏："官成者，谓官自有成事品式，依旧行之，以经纪邦治也。"《小宰》："以官府之八成经邦治。"贾公彦疏："以官府之中有八事，皆是旧法成事品式，依时而行之。将此八者经纪国之治政。"《秋官·大司寇》："凡庶民之狱讼，以邦成弊之。"郑玄注："邦成，八成也，以官府待万民之治。郑司农云：'邦成谓若今时决事比也；弊之，断其狱讼也。'"贾公彦疏："先郑云'邦成谓若今时决事比也'者，比八者皆是旧法成事品式，若今律，其有断事，皆依旧事断之，其无条取比，类以决之，故云决事比也。"《礼记·王制》："必察小大之比以

成之。"孔颖达疏："小大犹轻重也。比，例也，已行故事曰比。"此句的"成"也用作动词，义为判决定谳。《国语·周语上》："樊穆仲曰：'鲁侯赋事行刑，必问于遗训而咨于故实。'"证明古代决事断狱必参考先例而定。观以上所引，知成是古代有关政事的具有特定意义的词，自郭象以来，注者均未能详审其确旨。《庄子口义》说："成者，自己之成说也。比，合也，以自己之成说而上合于古人，言引古人以为证也。"明释性涵《南华发覆》说："成而上比，稽古为词。"又说："称道先王稽古为训者也。"所释已切近本义，但尚未明达透辟。

⑦③ 与天为徒：和天是同类。徒，类。孔颖达疏："共自然之理以为同类。"正以类释徒。

⑦④ 天子：天的儿子，指人君。所子：所生。

⑦⑤ 蕲：求。而人：若人，此人，指人君。《经传释词》第七："若犹此也。《论语·公冶长》曰：'君子哉，若人！'若人，谓此人也。"闻一多先生《庄子章句》说："而人犹若人，谓人君也。"善之：认为所说的话对。善，形容词用为意动词，以……为善。

⑦⑥ 童子：言天真无私，和婴儿一般。

⑦⑦ 《庄子内篇证补》："此言与天为徒者，己之所言，皆出天真，与童子无异，既不求人之誉以为善，不求人之毁以为不善也。"

⑦⑧ 闻一多先生《庄子校补》说："本作'与人之为徒也'，衍一之字。案'与人为徒'与上'与天为徒'下'与古为徒'文同一例。下文'是之谓与人为徒'，人下亦无之字，今据删。宋徽宗《御解道德真经》五、江澂《道德真经疏义》五、又九引并无之字。"从文例和引文知"之"是羡文，当删。阮毓崧《庄子集注稿本》："所谓外曲者，盖外形委曲，循顺乎人事之宜者也。"

⑦⑨ 擎：拱手。跽：跪，双膝跪地，上身至双股挺直。曲拳：折腰。拳，跧的假借字，下文"则拳曲而不可以为栋梁"，《释

文》："本亦作卷，音权。"卷同踡。《南华经解》以搴为执笏，误。擎踞曲拳均就行礼时人的肢体动作说的，不得另借它物为解。《礼记·玉藻》："笏，天子以球玉。"《晋书·舆服志》："古者贵贱皆执笏，其有事，则搢之于腰带。"是古代天子、诸侯腰间都插笏，以备记事，不仅士大夫为然，故"执笏"并非尽"人臣之礼"的特征。《经解》是以近解古，非是。

⑧ 疵：毁，责怪。

⑧ 闻一多先生《庄子校补》说："本作'其言虽教，谪之实也，古之有也，非吾有也'。案'实也'二字误倒，'实'字当属下读。三句谓其言虽若教谪之言，非自我出，故下文曰'虽直而不病'。旧据误本读'其言虽教'句，'谪之实也'句，不词之甚。"闻师的校正恢复了语句的原型。屈复《南华通》以"其言虽教谪之"和"实也古之有也"为句，注说"虽有教谪之语，实皆古人所有，非吾之私言也"。解释是正确的，唯不知"实也"系误倒，其意虽明，而句词却欠顺畅。教，教训。谪同谪，指责。《庄子内篇注》："谪谓指责是非也。"

⑧ 各本多作"虽直而不病"或"虽直不为病"，《庄子集注稿本》作"虽直亦无病"。郭象注："寄直于古，故无以病我也。"成玄英疏"若忠谏之道，自古有之，我今诚直，亦幸无忧累"，似郭、成所见本皆作"虽直亦无病"。当以阮本为是。下文仲尼所说的"虽固亦无罪"，与此句句法一律，正是承此而言的。病，罪过。

⑧ 是：此。指上文的"内直"、"外曲"和"成而上比"三条。《庄子集注稿本》说："综此三条，未知可行否也。"

⑧ 大：《释文》音太。王夫之《庄子解》以"太多"为句。解说："一者不一也。内直外曲，成而上比以辟咎，则莫非存诸人矣。一念以为天，一念以为人，一念以为古，多其术于心，杂扰而不定。"增注说："其术太多。"即仲尼批评颜回以上所说的应付卫君的三种方法是太多了。

⑧⑤　政下旧有法字。《庄子义证》说："政法二字有一字衍也。《说文》法之古文作佥，形与正近，盖一本作法，一本作佥。《论语》齐桓公正而不谲，《汉书·贾邹枚路传》引正作法，是其例证。读者以一本作法者，旁注一本作佥者之下，因讹为正文，又后人不知佥为法之古文，以为政之讹文，改为正字，遂成今文。郭象注曰'以政与事不冥也'，则郭本虽误为政，而尚无法字。"闻一多先生《庄子校补》说："政正古字通。当是一本作正，一本作政，作正之本以形近误为佥，改写为法，读者旁注于作注之本，误入正文，乃成今本也。郭注有政无法，尚未误合，是其佳证，今据删。马氏以法为正字，政为误衍，于文既无确解，又与郭注不合，殆不然矣。"今据《校补》删法字。政读为正，经，正道。谍借为喋，多言。《史记·张释之传》"岂效此啬夫谍谍利口捷给哉"，《索隐》："谍谍，《汉书》作喋喋。喋喋，多言也。"《论语·宪问》"齐桓公正而不谲"，刘宝楠《正义》说："正，经也，言齐桓公能守经而不能行权。""正而不喋"和"正而不谲"句法同，即守正道而不多言之谓。所谓正道，指上文所说的三法。三法虽失于烦喋，不能感化卫君，但尚不失为正道。俞樾《诸子平议》以"太多政"、"法而不谍"为句，刘文典《庄子补正》从之。宋林希逸以来各家多以"太多政法而不谍"为句，均未得其读。

⑧⑥　固：坚持，固守，言固守以上三法。"虽固亦无罪"和上文的"虽直亦无病"句法既同，意义也相近。

⑧⑦　止是耳矣：止可无罪而已。耳，犹而已（见《经传释词》第七）。

⑧⑧　夫胡可以及化：哪里能够达到感化人的程度。

⑧⑨　师心：以心为师，事出有心且先胸有成竹，并且自以为是，庄子称为"师心"。

⑨⑩　进：进一步，这里言进一步的办法。

⑨①　方：方法。

⑫ 斋：斋戒。这里意为心斋。《易·系辞》"圣人以此斋戒"，王弼注："洗心曰斋。"

⑬ 闻一多先生《庄子校补》说："旧脱心字，张君房本有。马叙伦曰：'郭象注曰："夫有其心而为之者，诚未易也。"成玄英疏曰："故有心而索玄道，诚未易者也。"是郭成本并作"有心而为之其易邪"，当据增。'案马说是也。此承上文'犹师心者也'。成疏彼文曰：'故知师其有心者也。'即探此文为释，今据张本补心字。"有心而为，存有成心去做，即自己有既定的主张去做某件事情。庄周的本意是绝对不能存什么定见去做事情的，而要"虚其心"，即毫无主见的去应付一切事情。之，代感化卫君的事。

⑭ 其：岂，难道。

⑮ 易：意动词，认为(感化卫君)容易。

⑯ "皞天不宜"是不宜皞天的倒装，这是为了强调皞天的缘故，皞天即昊天，《庄子》意指自然存在，永恒不变，皓白广大而带有神意的天。不宜皞天即不合天道，天理。宜，合于当然。《礼记·乐记》："则武之迟久，不亦宜乎？"孔颖达疏："宜，合当然也。"《庄子集解内篇补正》说："皞一作皓，明也，白也。《天地篇》'无为为之之谓天。'《淮南·原道训》云：'所谓天者，纯粹重复，质直皓白，未始有与杂糅也。'以此释皞天之义最切。盖本书所谓天者，无为也；无为者，不杂以人为也，即非有心而为之也。有心而为之者，人为也；人为者，易以伪，非纯粹皓白之天所宜矣。回张三法，纯出有心而为之，非任其自然无为之天，而虚而待物也，故仲尼复申儆之也。"

⑰ 唯：句首语气词。荤：指肉类和含有辛辣气味的蔬菜，如葱、蒜、姜、韭、薤等类，本文专指肉类。闻一多先生《庄子义疏》说："荤犹腥也。《管子·轻重篇》'黄帝作钻燧取火，以熟荤臊'，《路史·后纪》三注引作腥臊，是其证。不茹荤谓不食肉，

不然者，回虽贫，何至数月不食葱薤之属乎?"《荀子·富国篇》："荤菜百蔬以泽量。"杨倞注："以泽量言满泽也。"古代荤多野生泽中，遍地皆是，故《荀子》言以泽量，随时可以采掘而食。回虽家贫，不至无此类野菜可吃，闻师所证极是。

⑱ 是祭祀之斋：祭祀前的斋戒，在祭祀前七天之内，不吃荤，净心洁身，拒绝邪物，禁绝嗜欲，耳不听音乐，手足不乱动，生活行动都依礼而行(参看《礼记·祭统》)。

⑲ 心斋：因心斋戒，不同于祭祀的斋。《知北游》："老聃曰：'汝斋戒，疏瀹而心，澡雪而精神，掊击而志。'"这几句话足以发明此处心斋的意义。

⑳ 一若志：当为"一若志"。若，你。一志，精神专一，心中虚静无杂念，无思无为。闻一多先生《庄子校补》说："'若一'二字当互易。'一若志'者，专一汝之心志也。《知北游篇》'一汝度'语例同。成疏曰'志一汝心'当作'一汝心志'，疑成本正文未倒。今乙转。刘文典曰："'若一志'义不可通。"若一"二字疑误倒。《知北游篇》："齧缺问道于被衣，被衣曰：若正汝形，一汝视，天和将至，摄汝志，一汝度，神将来舍。"《淮南子·道应篇》："齧缺问道于被衣，被衣曰：正汝形，壹汝视，天和将至；摄汝知，正汝度，神将来舍。"《文子·道原篇》文亦略同。"一若志"与"一汝视"、"一汝度"、"一汝视"句法一律。《疏》"一汝志心"，是成所见本作"一若志"。'"(刘文见《庄子补正·补遗》)《庄子内篇注》和《庄子释意》均作"一若志"，当从各家乙正。

㉑ 无：同勿，不要。不要用耳听而用心听，不要用心听而用气听。这是一个逐层递进的句式。其目的是在强调只有"以气听"才合乎道的标准。耳听则外官有形，心听则内官有觉，都离不开器官的形体和知觉，便都摆脱不了主观和客观条件的限制。《庄子口义》说："听之以耳则听犹在外，听之以心则听犹在我，听之以

气，则无物矣。"经过心斋的工夫，便可做到以气听。气听则无物无形，既无物无形，物我双方的限制便自然消失，而臻于虚空的境界。《庄子论诂》说："听之以气即玄家纯气之守，彻始彻终之方。"《达生篇》说："性修反德，德至同于初；同乃虚，虚乃大……与天地为合。"所以，德至于同于初的彻始彻终的虚空之境，听界即消除任何限制，其大与天地合，有声即应，且应而不藏，无耳心器官的偏听，达到无听而无不听的广大无边的虚幻的境地。《文子·道德篇》说："上学以神听，中学以心听，下学以耳听。"《文子》所说的以神听，就是《庄子》的以气听。《庄子解故》谓气即呼吸，非是。

气在这里指构成天地万物的元气，也即阴阳之气，王夫之的《庄子解》称之为和气。他说："气者，生气也，即皥天之和气也。"也即《达生篇》所说的"纯气之守"的纯气。《天地篇》说："泰初有无，无有无名，一之所起，有一而未形，物得之以生谓之德。未形者有分，且然有间，谓之命。留（流）动而生物，物成生理，谓之形。"这一段话是庄子学派的完整世界构成论。无即道，也是"一"兴起的根源。一在这里指气。《大宗师篇》的"游乎天地之一气"，和《知北游篇》"通天下（地）之一气"句中的"一气"与本文的"一"涵义相同。这是说道是气的本源，这未成形体的气内部分有阴阳，但仍浑然融合而无间，它在流动之中形成了物。《秋水篇》说："自以比形于天地，而受气于阴阳。"是说人禀受此阴阳之气，便具有人形。今日气功家还分先天的气和后天的气两种，先天的气即元气，后天的气指呼吸的气。练气功贵在虚静，一志自然。先天的气和后天的气才得以互相交替升降在周身运行。以气听的气即此先天的气，不过庄子把人们身上的元气和大化之始气的元气混而为一。以气听的要点也在虚静凝神，彻始彻终，使精神进入一个虚空忘形的境界，这时耳的听觉自然消失，心的思虑随之停止，整个的我是个真空，纯气流通，广漠无垠，故无听而无不听。这便是庄子所说的"以气听"的精神状态。

⑩ 闻一多先生《庄子校补》说："本作'听止于耳'。俞樾曰：'上文曰"无听之以耳，而听之以心"，此文"听止于耳"当作"耳止于听"，传写误倒也。言耳之为用，止于听而已。'马叙伦曰：'郭象无注。成玄英疏曰："不著声尘，止于听，此释无听之以耳也。"是成本犹未误。'案俞、马说是，今据乙。"俞氏并说："耳之为用只听而已，故无听之以耳也。"刘武《庄子集解内篇补正》反驳俞氏说："俞说非。如俞氏说耳止于听，谓申说无听之以耳之义，须知二句义同，徒兹重复，何申说之于有？且耳何能听，能听者耳根也。声浪触耳，耳亦不能止，能止者心也。上既言无听之以心，即心寂然不动，声浪之来，及耳而止，寂然之心，不与之相应而为听，故曰，听止于耳，与《楞严经》闻所闻尽之义相通，本文并未误倒。"刘氏言俞说非，而实则己说为非：一、"耳止于听"和"无听之以耳"是因果关系，并非意义重复，不过果说在前，后揭其因而已。二、《庄》文的"耳听"、"心听"、"气听"是递进句式，是说听的能力一级高于一级，不是谈的耳心的关系。刘氏所论却是耳心的关系，文不对题。三、刘氏谓耳不能听，能听者耳根，《庄子》书中皆言耳听，向无用耳根听的语词和观点。四、以耳根听是佛家语。《楞严经》以耳根最为功全，卷四说："如耳周听，十方无遗，动若迩遥，静无边际，当知耳根圆满一千二百功德。"明沙门真界纂注说："动有分限，故说迩遥；静无涯量，故无边际，以能周听，故功全也。"佛家认为六根之中以耳根最能圆通，故卷六又说："欲取三摩提，实以闻中入。"纂注说："娑婆世界耳根最利，故用音声以为佛事。"据此，知《楞严经》的思想和立论，和《庄子》迥然有别。刘氏强以佛经解《庄》，至有此曲为比附之论。俞马二氏和闻先生的校议极是，当从乙。

⑩ 闻一多先生《庄子义疏》说："符读为怵。《说文》'怵，思

也'。"听、怵都是就耳和心的功能说的。历来各家皆就符的本字
为训,解为符合,谓心与外物相符合,义颇牵强。《庄子集解内
篇补正》以符为复,引《徐无鬼篇》"以心复心"为证,谓符复义通。
"以心复心"的"复心"意谓回复本原的道心,与符合何关?刘氏不
从《庄》文的具体意义辨析,只从形音比勘附会,违失《庄》义过远。

⑩④ 林云铭《庄子因》说:"听止心止之后,则气独往独来,于
吾身不受一物矣。惟不受一物,方能不将不迎而待物,与太虚同
体。"杨文会《南华经发隐》说:"名之为气,其实真空;自性真空,
物来即应。"二氏解"虚以待物"甚切。

⑩⑤ 集:在,止。《庄子口义》:"虚者,道之所在。"闻一多先
生《庄子章句》说:"虚则道来止集。"《文子·十守篇》:"虚无者,
道之所居。"意义与此同。

⑩⑥ 使:使心斋。有:原误为自,今正。奚侗《庄子补正》说:
"自系有字之误,形相近也。下文'得使之也,未始有回也'正与
此文反应。郭注'未始得心斋,故有其身',亦其证也。"这句紧接
上句仲尼的话"虚者心斋也"说的,故宾语"心斋"省略。《庄子口
义》释使为教诲,使并无教诲的涵义,林氏未细察上下文的语法
和文意,故有此误训。

⑩⑦ 之:代心斋。上句省略了宾语之,之于本句出现。

⑩⑧ 樊:笼子,和《养生主》"不蕲乎樊中"的樊义同,都指鸟笼
言。庄子视人间世如同畜养鸟兽的笼子一样。下文"入则鸣"的
"鸣"即源于这一思想。入:进入,下二句的入与此同义。游:和
《逍遥游》的游义同,谓进入人间世应保持逍遥自得的嬉游态度。
无:同勿。感:感动。名:虚名。仲尼这一段话是泛谈处于人间
世的态度和方法的,旧注多言系指入卫事,并解樊为藩篱,均
误。《庄子口义》说:"人世如在樊笼之中,汝能入其中而游,不
为虚名所感动。"林云铭《庄子因》说:"入而游焉,有徜徉自适之

意。"二氏所解甚是。

⑩ 入则鸣：意思是说如进入人间世就鸣叫，就如鸟进入笼中鸣叫一样。

⑩ 不入则止：不进入则止。以上二句言入与不入完全由自适与否而定，不必强求。吴世尚《庄子解》说："盖人之生于世，虽如鸟之在于笼，而入游其樊，则其权在我，而不为世所缚矣。无感于其名，我无所求也；入则鸣，不入则止，我不取必也。"解释这三句的意义至为透辟。旧注都释后二入字为采纳，谓采纳则言，不采纳则止，均误。

⑪ 毒：借为窦。窦，小门。《庄子补注》说："毒当作窦，音同相假。《周礼·春官》注'四渎五岳'，借窦为渎，即其例也。《左襄十年传》'王叔之宰曰：筚门闺窦之人'，是亦门窦连文之证。"本句的意义是混沌虚无，了无缝隙。下文"绝迹易"以下几句，即着重阐发这一思想。《庄子集解内篇补正》以窦是房之误，非是，所言《庄子集解》"无门无毒，使人无可窥寻指目之意，若李林甫城府深阻者"为非，尚属正确。

⑫ 一宅：宅于一。宅，动词，居。一，指道。寓：寄托。成玄英疏："宅，居处也。处心至一之道，不得已而应也。机感冥会，非预谋也。"《庄子口义》说："宅，居也。以混然之一为吾所居，而寓此心于不得已之中，则人世间之道尽矣。几，尽也。"《庄子因》说："我与之共处，而寄于不得已之中，迫而后应，则虚之极也。"《庄子集解内篇补正》说："庄子之道，重在于不得已，故不得已句，全书数见，如下文'托不得已以养中'。《庚桑楚篇》'动以不得已之谓德'，《刻意篇》'不得已而后起'，盖即虚而待物之旨，必待而后应，迫而后动也，下叶公子高节，即畅发此义。"

⑬ 《庄子口义》说："迹，足迹也。止而不行，则绝无足迹，此为易事。然人岂能不行哉！必行于地，而无行地之迹，则为

难，此意盖为人若事事不为，此却易事，然谓之人生，何者非事，安得不为，唯无为而无所不为则为难也。"《庄子内篇注》说："言逃人绝世尚易，独有涉世无心，不著形迹为难，即《老子》'善行无辙迹'（见二十七章）。"《庄子因》说："喻不为者易，为而无迹者难。"人处人间世，必有所为，只有宅一而寓于不得已，虚以应物，迫而后应，无为而无不为，才可以不著行迹，这便是行地而又无行地之迹，一如"无行地"，此为难。

⑭《庄子口义》："言为人欲所驱行，易至于欺伪。"

⑮《庄子口义》："冥心而听造物之所使，则无所容伪矣。"《刻意篇》说："恢而无为，动而以天行。"郭象注："若夫逐欲而动，人行也。"成玄英疏："感物而动，应而无心，同于天道之运行。"可以与本文相发明。动以天行即率天生之性而行，此即为天使，故难以伪。

⑯《庄子口义》："闻以有翼飞者矣，言鸟之飞必以翼也。无翼而飞，便是不疾而速，不行而至，此所谓神也。此句乃喻下句，盖以有知为知，人之常也；惟知其所不知，则为无知之知，此则造道之妙也。"《庄子内篇注》："此有心无心之喻也。言世人有心为事而成者有之，若无心应物，而使人感化，若无翼而飞者，此未知闻也。"《南华真经正义》："无翼而飞，神运也。"神运，即精神运行。无翼而飞，这是一种主观的精神活动，这比《养生主》的"以神遇而不以目视"更为神奇。

⑰《庄子内篇注》："言世人皆以有知而知者，圣人以无知而知者，盖以忘形绝智，以无心而应物者，此其难者，未之闻也。"吴世尚《庄子解》："有知之知，人也；无知之知，天也。人皆有所为而为，大抵为人使也；谁则无所为而为，而为天所使乎？此二句亦证易伪二句，而应有翼之二句也。"《南华通》："为天使，则是以无为为，以无知知，如鸟无翼而自飞也。"闻一多先生《庄子章句》

说："两未闻皆叹美之词。"《释文》："有知知者，上音智，下如字，下句同。"《庄子集解内篇补正》说："上知知字，音智非。"误。

⑪ 瞻彼阕者，虚室生白：看那空隙的地方，空房子里便会现出白光。《释文》引司马彪注："阕，空也。室比喻心。心能空虚，则纯白独生也。"《庄子内篇注》："此心虚之喻也，谓室中空虚，但有缺处，则容光必照，而虚室即生白矣。以喻心虚，则天光自发也。"这一思想和《老子》十一章的"凿户牖以为室，当其无有，室之用也"有相仿的地方，不过《老子》的话里却含有辩证法思想，而本文则只说明生活中所见的现象而已。者，指示代词，阕者，空隙的地方。

⑪ 下止字当作之。《诸子平议》据《淮南子·俶真训》"虚室生白，吉祥止也"。疑此文下止字是也字之误。《庄子补注》以止之篆形相近，《诗·陈风·墓门》"歌以讯止"，今本止作之；《小雅·车舝》"高山仰止，景行行止"，《史记·孔子世家》引止作之，止当作之。《庄子内篇证补》和闻一多先生《庄子义疏》说同。依文意以之为上，当据正。《淮南子》高诱注："吉祥来止舍也。"之，代词，指虚室；喻虚空的心。

⑫ 夫：彼，指吉祥。且：若。不止：吉祥不止于心中。是：此。坐驰：形坐而神驰，言心不能虚静，精神外驰。成玄英疏："苟不能形同槁木，心若死灰，则虽容仪端拱而精神驰骛，可谓形坐而心驰者也。"《南华通》："若吉祥不止，则是虚有未至，如闭目静坐，而心定驰于外也。"

⑫ 夫徇耳目内通而外于心知：顺着耳目向内通，而摒除心智的活动。徇，顺，成玄英疏为使，系望文生义，后人多从成氏训徇为使，并误。外，摒除，遗弃。《庄子口义》说："耳目之闻见皆内通于心，我若无所容心，则顺耳目之闻见虽通于内，而实外于心知。"闻一多先生《庄子章句》说："外心智即堕聪黜明，所谓致

虚极，守静笃也。"

⑫ 舍：止，归依。《庄子口义》说："虽闻其所闻，见其所见，而无心于闻见也；如此，则此心之虚与鬼神通，何况人乎？谓到此方能感化人也。"

⑬ 是万物之化也：这是使万物感化的办法。是，此，指以上所言心斋、集虚等法。万物之化即化万物，感化万物的办法。《庄子内篇注》说："外心智，则智自泯；则物我两忘，我忘物化，则万物尽化于道矣。"《庄子解》说："有鸣可也，不鸣亦可也，暴人之蔄然自失，而化之于无迹矣。"《庄子因》说："无论其暴不暴，皆可以及化矣。"这就像《德充符篇》鲁哀公所说的哀骀它一样，凡与之相处者，无不受其感化。仲尼启发引导颜回的用意即在此，谓感化卫君必须由此途径。

⑭ 禹舜之所纽也：这是禹舜所常行的。闻一多先生《庄子义疏》说："纽读为狃。《诗·郑风·大叔于田》'将叔无狃'《传》：'狃，习也。'"

⑮ 遂人：本作几蘧，今正。闻一多先生《庄子校补》说："遂人本作几蘧。《释文》曰：'几蘧，向云古之帝王也，李云上古帝王。'疏曰：'几蘧者，三皇以前无文字之君也。'案古帝王无号几蘧者，当即遂人。古书燧人或作遂人。此则遂讹为遽（《左传》桓十三年"遂见楚子"，《汉书·五行志》中之上作蘧见），人讹为几，又倒转其文，因为几蘧耳，今正。"几蘧《汉书人名表》不载，古代传说中之帝王无名几蘧者，当系遂人之讹，今据改。所行终：行之以终其身，《庄子口义》："伏羲几蘧，以此行而终其身。"

⑯ 散焉者：《庄子口义》说："寻常之人也。"《南华通》说："谓众人也。"

《庄子·人间世》续疏^①

寡不道以成懽

成懽原误为懽成。懽是患的异体字。闻一多先生《庄子校补》说:"成懽本作懽成。案江南古藏本作懽成。郭注曰:'少有不言以成为懽者耳。'成疏曰:'而莫不以成遂为懽适也。'是郭成二本亦并作'成懽',今据乙。"《庄子内篇校释》说:"懽古患字。《尔雅·释训》懽懽,愮愮,忧无告也。《玉篇》、《广韵》并云'悹,忧无告也',《说文》'悹,患也',朱骏声疑即患之异文,是也。'凡事若小若大,寡不道以成懽'者,古书多以道为由,言事无大小,罕有不由之以成灾患者也。下文'事若不成,则必有人道之患,事若成,则必有阴阳之患',即承此言之。《外物篇》曰'惠(唯)以歡为鹜',当作'惠以懽为鹜',懽亦古患字。古本《庄子》盖以懽为歡,写者或改为新字,或否,注家不察,悉读未改之懽为歡,失庄旨矣。"历代注家,都读懽为歡,并就歡义为训。

---

① 在闻一多先生的遗稿中,有《庄子》内篇义疏十一篇。诠析极为精辟。在整理遗稿时,再次亲受教益。偶有所思,系缀成文,此亦先师生前教诲之功也。今刊出《人间世》篇。名题"续疏",谨以纪念先师遇难四十周年。此次出版,删去与上篇重复之篇,特此说明。

成玄英疏懂为歡适。《庄子口义》解为歡洽，道为言，说："事无大小，鲜不言以欢洽，方得事成也。"刘须溪《庄子评点》释道为依于道，歡为美满，说："未有不依于道而能使美满成就无后悔者也。"马其昶《庄子故》从其说。吴世尚《庄子解》释道为术，谓"事无大小未有无术而能懂然以有成者"。陈寿昌《南华真经正义》从之，近人注解，均仿以上各家，致使上下文意扞格不通。闻师解道为由，从江南古藏本乙"懂成"为"成懂"，并依文义确认懂即患字。一字之识，贯通了上下文义，使上下文通理顺，充分显示出《庄》文的逻辑性，可谓灼识！惜今人注解，未之明辨，仍采旧说，确解古语之难，于此可见。

则必有阴阳之患

阴阳不调而患病。闻一多先生《庄子内篇校释》说："此文曰'阴阳之患'，下文曰'内热'，然则阴阳之患即病也。《大宗师篇》曰'子舆有病……阴阳之气有沴，其心闲而无事'，又曰'子来有病，喘喘然将死……曰："子于父母，东西南北，唯命之从。阴阳于人，不翅父母。彼近（祈）吾死而我不听，我则悍矣，彼何罪焉！"'亦并以病为阴阳之气，后世医家言犹如此。"

《庄子章句》又说："大喜破阳，大惧破阴，喜惧交战而疾病作矣。"

是两患也

闻一多先生《庄子校补》说："旧脱患字，今依文义补。"此顺承上文而言，补患字，文义更明，今据补。

不择地而安之

不选择地位好恶，一律安然处之。黄元炳《庄子新疏》

说："不择地而安之，谓不择父母待遇之地位好恶而安之也。"安之是做人子者以为处境是安然的。安，意动词，以之为安。之，指人子所处的地位。王先谦《庄子集解》说："不论境地若何，惟求安适其亲。"以"之"代双亲，非。下文二"安之"与此语法同。

自事其心者

事其心，奉侍自己的心。意即以心为主，忘了自己的身。这是由上文的事父事君推衍来的。事父事君只是关命和义，尚不择地择事而安之，而不顾自身的艰险和安危；奉侍自己的心，便可遗忘了自身的存在，达到道德的最高境界。

哀乐不易施乎前

哀乐都不能改变自己当前的心情。闻一多先生《庄子义疏》说："王念孙云，施读为移，不易施犹言不移易也。《晏子春秋·外篇》'君臣易施'，《荀子·儒效篇》'充虚之相施易也'，《汉书·卫绾传》'人之所施易'，施并读为移。正言之则为易施，倒言之则为施易也。"《经典释文》施，崔，以鼓反，云："移也。"

知其不可奈何而安之若命

若命，顺命。《庄子口义》："若命，顺命也。"甲骨文若作杈（《殷虚文字甲编》896），象人跪踞，双手举至头侧。唐兰先生说这是奴隶投降归顺时的姿态，是用若形表示顺意，所以若的本义是顺（唐兰先生 1939 年甲骨文课堂讲授）。科学院考古研究所编辑的《甲骨文编》说："象人跪踞而两手扶其首，有巽顺义。"对字形的解释略有不同，而都释为顺义。

《易·观》："有孚颙若。"孚即俘，若为顺，是其证。

其作始也简

作读为乍。乍始，刚刚开始。王引之《经传释词》卷八："作之言乍也。"乍在这里是副词用作状语。简，简单，《庄子解》说："事体小。"

行者，实丧也

行动，就是丧失真实。《新传》说："无行则迹所以藏，有行则迹所以显，迹显于外，则真亡于内矣。故曰'行者，实丧也'。"《庄子口义》说："说个行字，便有名有迹，有名则丧实矣。"这一句和上文的"绝迹易，无行地难"的思想是一致的。有名则失实，故易入于伪，伪则必危，故下文说"实丧易以危"。《庄子新疏》说："言如风波，易以变伪；行易入伪，伪则必危。"所解甚是。《庄子内篇证补》解"实丧"为"虚实"，意谓行动有虚有实。"行者，实丧也"是个判断句，"实丧"是主谓词组用作谓语，不得增加动词解作"有……有……"，陈说非是。有释"实丧"为"得失"者，亦误。

故忿说无繇

闻一多先生《庄子校补》说："说旧作设。案设当为说，字之误也。"说、设形近而讹。忿怒的说辞，没有别的原由，是那花言巧语欺诈不实的言辞所引起的。《诸子平议》说："设疑说之误。《大戴记·子张论入官篇》'且夫忿数者狱之所由生也'，忿数与忿说同。《礼记·儒行篇》'遽数之不能终其物'，正义曰'数，说也'。是其证也。"贾谊《新书·辅佐篇》："忿说忘其义。"正忿说连文。释性㳶《南华发覆》："故忿怒设说没有来由。"亦以设为设说，但未识设原为说之讹。

气息茀然

茀，艴的假借字。《说文》："艴，愠怒色也。"今写作勃。气息茀然，怒气暴发，言急气粗的样子。以上两句比喻人到愤怒的时候，言急气粗，不暇简择言语适当与否。

并生心厉

心厉当作厉心，恶意。武延绪《庄子札记》说："心厉二字倒，疑当作厉心，即下文不肖之心也。"武说是，心厉当乙。并生，同时发生。

迁令劝成殆事

殆事，危险的事情。《庄子口义》说："迁令，劝成，皆是过度之念，则其谋事也必危，故曰殆事。"吴世尚《庄子解》说："危事也。"都以"殆事"为危险的事情，而《庄子内篇注》说："迁令劝成，终必坏事。"《庄子集解内篇补正》也说："迁令劝成，则妨害所使之事矣。"二氏都以"殆事"为妨害事情的成功，俱非。《庄》文始终都是就如何应付事务以避免自身的危险而立论的，向不就事的利害、成败而谈。这便是庄子的思想实质。二氏的解释和本文的中心思想不合。

何作为报也

干什么为了（齐国的）报答呢？郭象注："何为为齐作意于其间哉？"正以"为"释"作"。《经典释文》："为为，上如字，下于伪反。"下为字读去声，为了……。何作，何为，即为何，做什么或干什么。报，酬报，报答。这里指齐国的报答。这句话是仲尼针对谈话开始时叶公所焦虑的"齐之待使者盖将甚敬而不急，匹夫犹未可动也，而况诸侯乎？吾甚慄之"而作的解答。所以，报当是齐国的酬报，不是叶公的复命。《庄子口义》说："报，反命也。"《南华通》说："报，传命也；作为，如迁令劝成之类。"林屈二氏释报为反命和传命，屈氏更以"作为"是同一意义，俱非。

其可以为舟者，旁十数

俞樾《诸子平议》说："旁，读为方，古字通用。方，且也。"晚近注解多从俞说。《庄子集解内篇补正》说："旁，崔云'旁枝'，是也。俞说非。此旁字，跟上句枝字来。上文蔽千牛，絜百围，形容正干之大也。可为舟者十数，言其旁可刳为（独木）舟之枝十数，此形容旁枝之大且多也。枝大，益是干大矣。"又说："此段连用三其字（上文"其大"、"其高"），为句中主格，均指干言。"如旁训且，则此句的"其"，系代上句的枝。细审语法和文意，当以刘说为是。

遂行不辍

遂，进。《易·大壮》李鼎祚《周易集解》引虞翻说："遂，进也。"遂行，即进行，往前走。辍，停止。成玄英疏："行途直过，曾不留视也。"遂无"直过"义，成疏欠确切。

以为门户则液㹖

㹖，原为树名。《说文》："㹖，松心木。"㹖树，心似松。《说文通训定声》："疑此似松有脂。"《广韵·养韵》字误为㮤，曰"松脂"。本文的㹖义即"松脂"。液是名词用作动词。"液㹖"，渗出脂液。谓此木作为门户，既不坚实，又有油污。

则轴解而不可以为棺椁

成玄英疏："轴解者，如车轴之转，谓转心木也。棺椁藉牢，解散所以不固也。"陈寿昌《南华真经正义》说："轴解，木纹旋散也。"这类树木的心是松散的，甚至可以成圈地层层剥下来，是不能锯成木板的，当然不可以为棺椁。

嗟乎神人，以此不材

《庄子义证》说："'以此'当读为'似此'，省字。《易·明夷》'文王以之'，郑玄、荀爽以作似，是其例证。"《仪礼·特牲馈食礼》"蕡有以也"，郑玄注引《诗·邶风·旄丘》"必有以也"，"以"作"似"（后人妄据《诗经》改"似"为"以"）。《经典释文·仪礼音义》说"有以，依注音似"。阮元《校勘记》说"卢文弨云'引字作以'其义为似"，也是"以"可借为"似"之证。成玄英疏"嗟叹神人，用不材者大材也"解"以"为"用"，此后注释，多从成疏，非是。

挫鍼治繲

王闿运《庄子内篇注》说："挫当作搯。"王说是。挫篆文作𢶍，搯作𢫷，形近而讹。《说文》："搯，引也。"鍼同针。搯针，引针。《集韵·卦韵》："繲，故衣也。"治繲，洗濯缝整旧衣服。曹础基同志据《集韵》解繲为故衣，极是。治，整治，收拾。古语汇如治衣、治装、治任、治步、治行中的治都是整理、收拾的意思。《释文》引崔本繲作繲，繲是线的别体。治线，于意不通，作繲非是。缝洗旧衣，所得无几，故只足一人糊口。

鼓筴播精

筴，策的异体字，这里指古人筮用的蓍草茎。鼓策，罗勉道《庄子循本》说："鼓动其策以占，即今人抽签者也。"精旧作精。奚侗《庄子补注》说："精当作糈。《说文》：'糈，粮也。'《楚辞》王注：'糈，精米，所以享神。'精糈形近易误。《文选》夏侯孝若《东方朔画赞》注引此文正作糈。"李善注并云"糈音所"。《释文》则言播音所，字当作数，数糈，事不可能，误。《庄子义证》说："《说文》'播，种也。一曰布也'，一曰之义，字当作潘，潘，敷也。此借为潘。"潘糈，言筮时敷陈粟米以享神，筮毕，米即为筮人所得。从事占筮，收入较丰，故"足以食十人"。

福轻乎羽，莫之知载；祸重乎地，莫之知置

闻一多先生《庄子内篇校释》说："置旧作避，《释文》'避旧作寘，云置也'。案字当作置，与载对举。置训舍，谓不载也。此以车为喻，言轻者当载而不载，重者当舍而不舍。字若作避，则义不精切。置有措舍二义，寘则但有措义而无舍义。……旧本作寘，训置，亦当为措置之置。然措置于车中即载之车中，与歌意适相反，是以知其必为误字。且置与载德为韵，作避作寘，均失其韵。"闻师所解至为精当。载、置和下文临之以德的德，均在段玉裁《古十七部谐声表》第一部，王力先生《谐声表》（见《诗经韵读》17—26页）的之部（载）和职部（置、德）。之职阴入对转，通韵。而避和置都在段表第十六部，王表支部（寘）和锡部（避），支锡对转，但和之、职则不相叶。祸福轻重，或载或舍，作避，与车载事也不切合，故知避为后人不深解文义者所误改。

迷阳迷阳，无伤吾行

迷阳是一个以 m-d- 为声母的联绵词，语又转为眇瞑（ * mieg-dieg），望阳（ * mjwug-dzian。望又可写作盰，阳可

写作洋、羊）、眄盯（＊miăn-dien），又转为方言的望眙、睉
睖。迷阳在这里的意义是"小心仔细地看"。闻一多先生《庄
子内篇校释》说："迷睉通。《集韵》曰'睉，眇目也'，《汉书
叙传》'离娄眇目于毫分'，颜注曰'眇，细视也'（今俗瞄准
字作瞄，音义同），睉眇一声之转。睉一作迷阳，犹眇一曰
眇瞧。《文选·海赋》'眇瞧冶夷'，李注曰'眇瞧，视貌'。
迷阳又转为望阳。《论衡·骨相篇》曰'武王望阳'，《朝野佥
载》曰'长孺子视望阳，目为呷醋汉'，此谓近视者。然近视
与细视，其貌皆颦眉敛睫，迫视审谛。'呷醋'之喻，妙可
解颐。本谓近视，亦可施于细视。'迷阳迷阳，无伤吾行'，
行读为胻，足胫也。言睉目谛视，无令道上荆榛瓦砾之属
伤吾足胫也。"闻师的解析，至为精确。迷阳、望阳又可转
为眄盯、望眙、睉睖。《集韵》"眄盯，直视"。直视与细视
义相因。章太炎《新方言》卷二说："《说文》'眙，直视也'。
今转作瞪，通语也。浙人谓目大而直视曰眼睛眙出，读若
殆。今淮南谓久立不前曰'望眙'。"睉睖，直视发呆，今华
北方言中尚有此语。望眙、睉睖在方言中意义虽略有改易，
而"直视"的基本意义却仍然含存着。这一联绵词又可倒说
作"腰眇"、"瞪眄"。《文选·海赋》"腰眇蝉蜎"，李周翰注
"腰眇，远视貌"，《集韵》"腰或作瞧"，《鲁灵光殿赋》"齐首
目以瞪眄"，李周翰注"瞪，直视貌"。注家有以迷阳为生于
楚地的刺草或蕨者，盖不明迷阳是一联绵词之故。《庄子集
解内篇补正》根据实地调查已驳其非，翔实可信。唯刘氏从
陆长庚之说释迷阳为"自晦其明"，是仍承郭象注、成玄英
疏之误，未达《庄》旨。

卻曲卻曲，无伤吾足

闻一多先生《庄子内篇校释》说："旧作'吾行卻曲'。陈校引张君房本作'卻曲卻曲'，与上文'迷阳迷阳'一律，今据正。《释文》曰'卻曲，去逆反'。字书作叵。《广雅》云'叵，曲也'。案今本《广雅》作迟（《释诂》一）。《说文》曰'乚，匿也，象迟曲隐蔽形'，又曰'迟，曲行也'（《玉篇》邱载反）。迟与迟同。乚即乚，古文曲之省变。叵从乚，故有曲义。《礼记·明堂位》'俎……殷以椇'，郑注曰'椇之言迟椇也'，谓曲桡之也。宋玉《风赋》曰'枳句来巢'，亦谓枝之桡曲者，枳椇、枳句并与迟曲声近义同。"卻曲（*kʻiok-kʻiuk）是双声联绵词。闻师文中所举的迟椇（*krjeg-kiug）、枳句（*krjeg-kiug）①和卻曲是同一语族。属于这一语族的联绵词还有蛣蟩（《荀子·儒效》）、拮据（《诗经·鸱鸮》）、诘诎（许慎《说文解字叙》）、刻剭（《楚辞·哀时命》）、刻剧（《淮南子·俶真训》）、诘籀（《刘歆与扬雄书》）、诘屈（《文选·鲁灵光殿赋》）。语又转为诘曲、结曲以及现代口语中的孑孑。这一组联绵词的基本意义是弯曲。"卻曲卻曲"是说走路也要弯弯曲曲，避开坎坷或生长荆棘的地方，使不要创伤自己的脚。《庄》文的中心思想是去祸，"迷阳"和"卻曲"都出于这一用心。这和上文的"可不慎邪"的思想是一脉相通的。下文的"山木自寇"和"膏火自煎"都是自身取祸之由，所以最后归结为"无用之用"；这才是根本消祸之道。

---

① 迟椇、枳句的上古音构拟，系根据李方桂先生的《上古音研究》（87—88 页）。迟、枳都是照母（章）三等字，高本汉的古音构拟是 tsʻ，李方桂先生根据谐声的语音演变规律，认为照三古音的 tsʻ 是从上古音的 krj 演变而来的。按诸训诂实例，甚为切合。

最后的两段文字都是以自身处世的方法立论的，并不涉及身外的事物，所以就本文的思想来审查，"迷阳"、"郤曲"都是属于自身的行动，解为棘草或刺榆是和上下文的思想不相贯通的。

1989 年 9 月暂定稿

《庄子·德充符》校注辨正

本书《天地篇》说："物得以生谓之德。"《庚桑楚篇》说："性者，生之质也。"所以，德就是人的与生俱来的没有沾染一点文化因素的天性。充，充实。《孟子·尽心篇》说："充实之谓美。"儒、道思想体系虽然不同，而其所使用的某些相同的词汇，还是含有时代共同的特定意义的。所以，充在这里的意思就是充实完美。符，征、征验，征应——内外相应。内德充实完美的人，外貌虽残缺丑陋，却自然地显露出吸引感化人们的精神力量。文中所举的王骀、申徒嘉、叔山无趾等六人，都是形残而德充，从国王到平民，凡见之者，无不为之所感应的。

《庄子》以六个寓言式的故事，抒写出重德贱形，德全而形忘的思想。历来的《庄子》研究者，皆以庄子思想是出世的，却没有把庄子思想和当时的社会相印证。《论语·雍也篇》："子曰：'不有宋朝之美，而有祝鮀之佞[①]，难乎免于今之世矣。'"又说："巧言令色，鲜矣仁。"（《学而》）"刚毅木讷近仁。"（《子路》）孔丘以直述的方式指责了当时的"不正之风"，而倡导"木讷"。春秋时代巧言善辩，即所谓佞，已成风尚，只从记载历史言行的《左传》中的"辞令"已可概见。到了战国时代，因为政治上的需要，辩士辈出，从政坛上的实用上升到哲学领域。从春秋到战国，刖刑惨重，断足而形不全的人特多，造成"踊贵屦贱"的现象，同时，更流行着崇尚男子美的恶风。在贵族阶级内部，男子因色美而海淫（如卫公子朝私通卫灵公之母，宋朝私通卫灵公夫人南子等事）。美男子成为君主、重臣所玩弄的宠物。士以上的阶级道德糜烂，明乎此种社会现实，重读本文，其故事固然诡奇诞妄，"其文则汪洋辟阖，仪态万方"（鲁迅语），从逆反的方面，却更深层地针刺着当时社会的罪恶现实。②

人言：老子无为而无不为，《老子》37章："道常无为，而无不为。"第 38 章："上德无为而无不为。"庄子则只虚静而无为，此言非是。观乎王骀和哀骀它所引起的社会效果，不正和老子的话相合吗？

注释：

① 而：用同与。王引之《经传释词》卷七："而犹与也，言有祝鮀之佞与有宋朝之美也。"并自注曰："皇侃疏：'言人若不有祝鮀佞及有宋朝美，则难免今患难也。'及亦与也。"

杨伯峻《论语译注》（1957 年增改本）说："宋朝，宋国的公子朝。《左传》昭公二十年和定公四年都曾记载着他因为美丽而惹起乱子的事情。"《论语译注》系杨氏早年著作，致有是误。《左传》定公十四年"卫侯为夫人南子召宋朝"，杨氏注说："卫亦有公子朝，襄二十九年传谓为季札所悦，且称为君子，当非此人。昭二十年通于襄夫人宣姜之公子朝，疑亦非此人。宋另有公子朝，早卒于文公十八年。"关于宋朝的注，仍未确言。考《左传》称公子朝者共有三人，一、宋公子朝，为宋司寇，卒于文公十八年（前609）。二、襄公二十九年（前544）吴季札聘卫，见公子朝，誉为君子者。三、昭公二十年（前522）卫公子朝通于襄夫人宣姜（卫灵公嫡母），惧而作乱，出奔晋，后又返卫。而名宋朝者见于定公十四年（前496）。《左传》曰："卫侯为夫人南子召宋朝，会于洮。"杜预注："南子，宋女也。朝，宋公子，旧通于南子，在宋呼之。"哀公十一年（前484）记宋子朝出奔。此人《左传》无称公子朝者，盖国人贬之耳。《论语》所说的宋朝，即是此人，系孔丘同时人。南子，宋女。宋为殷后，故以子为姓，即孔丘过卫时以小君之礼拜见，弟子子路坚决反对的卫灵公的夫人。召宋朝会于洮，盖亦属幽会事，故卫太子蒯聩欲杀南子而未果。

　　② 此段立意有受钟泰《庄子发微》启发处，特为志之。

　　鲁有兀者王骀①，从之游者与仲尼相若②。常季问于仲尼曰③："王骀，兀者也，从之游者与夫子中分鲁④。立不教，坐不议，虚而往，实而归⑤。固有不言之教⑥，无形而心成者邪⑦？是何人也？"仲尼曰："夫子⑧，圣人也，丘也直后而未往耳⑨。丘将以为师，而况不若丘者乎！奚假鲁国⑩，丘将引天下而与从之⑪。"常季曰："彼兀者也，而王先生⑫，其与庸亦远矣⑬。若然者，其用心也，独若之何⑭？"仲尼曰："死生亦大矣，而不得与之变⑮，虽天地覆坠，亦将不与之遗⑯。审乎无假而不与物迁⑰；命物之化而守其宗者也⑱。"常季曰："何谓也？"仲尼曰："自其异者视之，肝胆楚越也；自其同者视之，万物皆一也⑲。夫若然者，且不知耳目之所宜⑳，而游心乎德之和㉑。物视其所一㉒，而不见其所丧㉓，视丧其足犹遗土也㉔。"常季曰："彼为己㉕，以其知得其

心㉖，以其心得其常心㉗，物何为最之哉㉘?"仲尼曰："人莫
鉴于流水㉙，而鉴于止水㉚，唯止能止众止㉛。受命于地，
唯松柏独也正，在冬夏常青青㉜；受命于天，唯尧、舜独也
正，在万物之首㉝。幸能正生以正众生㉞。夫保始之征，不
惧之实㉟。勇士一人，雄入于九军㊱。将求名而能自要者而
犹若是㊲，而况官天地，府万物㊳，直寓六骸，象耳目㊴，
一知之所知㊵，而心未尝死者乎㊶！彼且择日而登假㊷，人
则从是也㊸。彼（且）何肯以物为事乎㊹！"

注释：

① 兀者：奚侗《庄子补注》说："兀借作跀。"跀是䠶的或体。
《说文》："䠶，断足也。"段玉裁注："《周礼·司刑》注云：'周改膑
为跀。'按唐虞夏刑用膑，去其膝头骨也。周用跀，断足也。《庄
子》'鲁有兀者叔山无趾，踵见仲尼'。崔譔云'无趾故踵行'。然
则跀刑即汉之斩趾。无足趾故以足跟行也。无足趾不能行，故别
为跀足者之屦，以助其行。左氏云'踊贵屦贱'（见《左传》昭公三
年）是也。"齐景公时踊贵屦贱事又见《晏子春秋·杂下》和《韩非
子·难二》。踊是专为跀刑之后只留有脚跟的人穿的鞋子，所以
本篇下文有"鲁有兀者叔山无趾踵见仲尼"的事。既名无趾，是知
跀刑只是斩去足趾，并非斩断全足，故尚能着踊而行。

② 从之游者与仲尼相若：跟随他的弟子和孔子相等。

③ 常季：历代注解都说是孔子弟子。其名不见于《史记·仲尼
弟子列传》。疑或即商泽。商泽字子季。商常音转，因讹传为常季。

④ 中分：平分。鲁国求学的人跟随孔子和王骀的各占一半。

⑤ 屈复《南华通》说："言其弟子往时空空无知，归则实有所
得也。"

⑥ 固：岂(见裴学海《古书虚字集释》327 页)，难道。

⑦ 无形：外表没有形迹。心成：用心感化而成其教诲之功。

⑧ 夫子：指王骀。

⑨ 阮毓崧《庄子集注稿本》："直，特也。古特直字通用。言我特为时稍后，未及往从耳。"

⑩ 奚：何。假：但(并见《词诠》230、187 页)。高嵣《庄子集评》说："奚，假，何，但。"

⑪ 闻一多先生《庄子义疏•德充符》说："与，与举通，尽也。《易•无妄象传》'物与无妄'虞注：'与，举也。'《楚辞•涉江》'与前世而皆然兮'，《七谏》'与世皆然兮'，王注：'与，举也。'《汉书•高帝纪》'兵不得休八年，百姓与甚苦'是其例。"与，举的假借字。本文的意义为尽，为皆。《墨子•天志》"天下之君子与谓不详"，与亦皆义。

⑫ 王：胜。先生：仲尼。

⑬ 闻一多先生《庄子章句》说："与犹去也。庸谓常人。《晏子春秋•杂篇》'其去俗亦远矣'，文例同此。"

⑭ 其用心也独若之何：他是怎样与众不同地运用他的心计的呢？"其用心也，独若之何"是个疑问句。"其用心也"是主语，"独若之何"是谓语。《庄子集注》说："言其存心必有不同者，但究操何术至是也?"已经解出"独"字。今人注译多忽略"独"的意义。

⑮《庄子口义》说："不得与之变者，言死生之变虽大，而此心不动，亦不能使我与之变也。不得，不(可)能也。与之变者，随之而变也。"《庄子集解内篇补正》说："《大宗师篇》'真人不知悦生，不知恶死'，即令形化，心固未尝死也，故谓不得与之变。"

⑯ 成玄英疏："遗，失也。虽复圆天颠覆，方地坠陷，既冥于安危，故未尝丧我也。"这是说心，即精神常存。

⑰ 审：熟知，明白。《淮南子·说山篇》"审于符者"，高诱注："审，明也。"无假：真。成玄英疏："灵心安审，妙体真元，既与道相应，故不为物所迁变者也。"即以真释无假。《庄子集解内篇补正》："无假者，真之谓也。真则永存，不变不迁。无假则不变，故曰不得与之变，不得与之遗。不与物迁，皆由能审乎无假也。"审乎无假，则能守真，也即守宗。《天道篇》："审乎无假而不与利迁；极物之真，能守其本，故外天地，遗万物，而神未尝有所困也。"思想意义与本文同。无假与真对文。无假即真。《渔父篇》"慎守其真，还以物与人，则无所累矣"。意义亦与本文同。郭庆藩《庄子集释》则说："无假当是无瑕之误，谓审乎己之无可瑕疵，斯任物自迁而无役于物也。《淮南子·精神篇》正作'审乎无瑕'。瑕假皆从叚声，致易互误。"《淮南》说："审乎无瑕，而不与物糅；见事之乱，而能守其宗。"高诱注瑕为衅，糅为杂糅。瑕义为隙缝、疵病，在文中和糅、乱相应。本篇系无假与宗相对。宗即真。《淮南》句虽源出《庄子》，但意义已有所变易，不得强为比附。郭氏《集释》误。王夫之《庄子通》王敔增注说："一真无假。"亦以无假为真，甚是。今注多释假为"藉"，或为假借，谓无假是"无所待"，亦误。

⑱ 宗下原无者字。《阙误》引江南古藏本宗下有者字，当补。杨柳桥《庄子译诂》说："命，当借为明。《周易·系辞传》'系辞焉而命之'，陆德明释文：'命，孟本作明。'又《象传》'明庶政'，释文：'明，蜀才本作"命"。'皆其证。"命和上句的审是对文，意义相同。杨说是。旧解审为安，为定。命为主宰，顺命等义，都是就文立义，审、命并不含此等意义，当正。

⑲ 《庄子集解内篇补正》说："肝之与胆不同状，不同用，不同名，是肝与胆如楚越之截然为二也。又《大宗师》云'假于异物，托于同体；忘其肝胆，遗其耳目'，是吾与吾身中之物，亦如楚

越之截然为二也。此自物之所异者视之也。"庄子在这里一方面夸大了差异,一方面又强调同一。把天地万物混同为一,为其思想的根本。

⑳ 耳目之所宜:适宜于耳听目视的声色一类事物。《庄子集解内篇补正》说:"人每好耳目之所宜,而恶所不宜者,如心游于和而忘情好恶,则无耳目之宜不宜矣。"

㉑ 游心乎德之和:心神放游于心理情感极端宽松和谐的境域气氛之中。《天地篇》说:"物得以生谓之德。"是德即天生的思想情感等一切自然心理状态。《庄子集解内篇补正》说:"所谓和者,天地阴阳二气之相合而无偏胜之谓也。故《田子方篇》'两者交通成和'。两者,阴阳也。《淮南·氾论篇》:'阴阳相交乃能成和。'《鹖冠子·环流篇》云:'阴阳不通气,然其为和同也。'道家所重在养生,而养生之要,则在养此生生之和。"冯友兰先生说:"和就是'和气',也就是'精气'。"(《中国哲学史新编》374页)实际也即阴阳二气之和。自身与天地合一,阴阳二气自然平衡调和,心神放游于此境域之中,即游心于德之和。

㉒ 物视其所一:把万物看做一个整体。"物视"即视物。物,视的宾语。为了加重"物"义,故提在动词"视"之前。马叙伦《庄子义证》说:"物疑涉上'万物皆一也'而羡。"缺物字则句义含糊,马说非,成玄英疏"物视,犹视物也"甚是。

㉓ 不见其所丧:看不见万物丧失的东西。既然把万物看做一个整体,就无所谓丧失。陆长庚《庄子副墨》说:"既游于和,则不见有彼有此,有得有丧。得亦莫非一,而得未尝增;丧亦莫非一,而丧未尝减。"这和《齐物论》的"凡物无成无毁,复通为一"是同一思想。

㉔ 视丧其足犹遗土也:视自己失去了脚,好像丢掉一堆土。言无所痛惜。成玄英疏:"王骀一于死生,均于彼我,生为我时,

不见其得；死为我顺，不见其丧；貌视万物，混而为一，故虽兀足，视之如遗土也。"王闿运《庄子内篇注》说："万物一体，故足如土。"《田子方篇》的"夫天下也者，万物之所一也，得其所一而同焉，则四肢百体将为尘垢，而死生将为昼夜，而莫之能滑，而况得丧祸福之所介乎"和本文的思想是一致的。

㉕ 彼为己：他为了自己。自成玄英疏"谓王骀修善修己"，后人多袭成说，释"为己"为修己。为并无修义，且下文"物何为最之哉"的疑问句便没有来由。高秋月《庄子释意》说："彼为己，但为自己。"所解均切合文意。

㉖ 以其知得其心：靠他的知觉体察到自己的内心。知，知觉，感觉，犹今言感性认识。心，一般人所具有的有情欲、好恶、是非的心。《齐物论》中的"成心"和《天地篇》的"机心"，都属于此类。陈深《庄子品节》说："不过以其知觉得其本然之心。"黄洪宪《南华文髓》也说："以其心，由于知觉之心。"朱得之《庄子通义》说："以其知得其心者，言其反观而得见其天君也。"都不以"知识"或"智慧"解知，甚是。

㉗ 以其心得其常心：用他的有情欲的心，领悟到永恒不变的道心。《庄子集解内篇补正》说："常心，常恒不变之心，指上生死不变，天地覆坠不遗之心。"陆树芝《庄子雪》本篇解题："其德非由后起，原不在形骸，乃立于人为未起之先。"林纾《庄子浅说》："以其知者，用心于知也。一用心便不能遗心而自得，是尚用心以得心，非真得也。"都言常心是不可能用情欲的心得到的。庄子认为凭借感官的思维是不能达到道化的境界的。常季不理解王骀得道之原，故提出错误的问话。

㉘ 物何为最之哉：人们为什么聚在他的门下呢？物，指人。最聚音义相同。《释文》引司马云："最，聚也。"

㉙ 鉴：古代器物名，形似大盆，青铜制，用以盛水。古代没

有镜子，人们多照于鉴水中，故后代镜子也称鉴。这里用作动词，义为照。人无照形于流水者，因为水动的缘故。

㉚ 鉴于止水：因水静止能够影出形象来。成玄英疏："止水所以留鉴者，为其澄清故也；王骀所以聚众者，以其凝寂故也。止水本无情以鉴物，物自照之。王骀岂有意于招携，而众自来归凑者也。"

㉛ 成玄英疏："唯，独也。"宣颖《南华经解》："水不求鉴，而人自来鉴。盖唯水能止，故能止众之求止者而不他去也。"上止字是名词，静止。中止字为使动词。后止字为动词。

㉜ 闻一多先生《庄子校补》说："旧无'正'字，以下句'在'字属上读。俞樾疑'在'为'正'之讹。案俞说非。当从张君房本于'也'下补'正'字，'在'属下读。"又说："'常'字从《文选·古诗十九首》注引补。疏曰'通年四序，常保青全'，似成本亦有'常'字。"

㉝ 从陈引张君房本舜上补"尧"字，正下补"在万物之首"五字。郭象注说："言物受自然之正气者至希也。下首则唯有松柏，上首则唯有圣人。故凡不正者皆来求正耳。若物皆有青全，则无贵乎松柏；人各自正，则无羡乎大圣而趋之。"郭氏所见本似亦有"尧"字和"在万物之首"句。

㉞ 陆长庚《庄子副墨》说："正生即正性也。正性即守宗也。守宗即保始也。"《经解》说："（尧）舜能正己之性，而物性皆自受正。"

㉟ 《老子》"无名，天地之始"，道也称始。保始即保道。征，征验，验证。实，实质，本质。保始的验证，就是无所畏惧的实质。幸，不强求而得的意思。郭象注："幸自能正耳，非为正以正之。"成玄英疏："受气上玄，能正生道也，非由用意，幸率自然，既能正己，又能正物。"都解出了幸的意义。武延绪《读庄札记》言幸为"率"或"卒"之形误，非是。

㊱ 雄：在这里用作状语，勇敢地。九军：总括天子六军，诸侯三军而言，意在说军队人数众多。

㊲ 自要者：自己要求自己的人，指有争胜之心的人。《庄子集解内篇补正》说："彼之不惧，非保合其和，而视生死为一也。特以求勇名之故，而约束其惧死之心，强而为之者也。然彼以求名犹能制其惧心，况具以下所举之德者乎。"若是：若此，指不惧。

㊳ 况官天地，府万物：主宰天地，包藏万物。《庄子口义》："此即天地与我并生，万物与我为一之意。"杨明照《庄子校证》举《淮南子·览冥篇》"又况乎宫天地，怀万物"为例，疑官为宫之讹，非。《在宥篇》"吾欲取天地之精，以佐五谷，以养人民。吾又欲官阴阳，以遂群生"，官阴阳和官天地语法和意义并同，都不得改为宫字。《文子·精诚篇》"又况官天地，府万物"即袭自本文。杨氏以《文子》的官亦宫之讹，并非。

㊴ 章太炎《庄子解故》说："上言官天地府万物，官、府同物也。则寓象亦同物。《郊祀志》'木寓龙一驷，木寓车马一驷'，寓即今偶象字。偶六骸，象耳目，所谓使形如槁木也。郭说寓为逆旅，望文生训。"寓偶音义并通。《淮南子·览冥篇》"直偶于人形"即本于此，寓正作偶，偶与象同义，都指与神相对的形而言。形为神之寓，故又写作寓，而实与偶同。本文的偶象都是名词用作意动词，以六骸为偶，以耳目为象。即六骸耳目只是躯壳而已（详见闻一多先生《庄子义疏·齐物论》）。今人释寓为寄托，象为迹象，均误。闻一多先生《庄子章句》说："直，特。视六骸耳目如偶象。六骸，身首四肢也。"成玄英疏以寓为寄，象为似，亦误。

㊵ 闻一多先生《庄子章句》说："智之所知者万殊，自彼视之，则一而已矣。"即把所有的东西都看做没有分别。上知字读智。

㊶《淮南子·览冥篇》"而心未尝死者乎"，高诱注："心未尝死，谓心生与道同者也。"闻一多先生《庄子章句》说："得其常心，

不以死生变。"这里的心犹言精神，心不死即精神不死。

㊷　登假：假，《释文》："徐音遐。"登假亦称升遐。假，遐，霞的假借字。古登霞每与乘云对言，谓腾云仙去。刘辰翁《庄子南华真经点校》说："登假分明说仙去事。"闻一多先生《庄子义疏·德充符》说："王先谦曰：'言若黄帝之游于太清。'……案《列神传》上：'黄帝自择亡日，与群臣辞。'《广黄帝本行纪》：'黄帝闻之，自择以戊日升天，果有黄龙垂胡髯迎帝，帝乘龙登天，与无为子及臣僚升天者七十二人。'……《列子·黄帝篇》：'又二十有八年……而帝登霞。'择日登假与人从之皆黄帝事，王说确不可易。又案书传登假字或作遐若假，或作霞，当以霞为本字。《楚辞·远游》'载营魄而登霞兮，掩浮云而上征'，此言登霞者。谷永《上封事》'及言世有仙人，服食不终之药，遥兴轻举，登遐倒景'，《华山碑》'思登遐之道'，此言登遐及登假者。……《淮南子·精神篇》高注曰'或作蝦蟇，云气'，则字又作蝦……《淮南子·精神篇》一本之登蝦，并谓云霞，是其本义……《墨子·节葬》下篇'秦之西有义渠之国者，其亲戚死，聚柴薪而焚之，燻上，谓之登遐'，是知登霞之语，其源乃出于西戎火葬之俗。火化谓之登霞者，霞字一作赮，本训赤气，故火焰亦谓之霞。登霞谓灵魂乘火焰以上升也……《传》曰：'宁封子者……世传为黄帝陶正。有神人过之，为其掌火，能出五色烟，久则以教封子。封子积火自烧，而随烟气上下，视其灰烬，犹有其骨。时人共葬于宁北山中，故谓之宁封子焉。'此明以火化而魂气上升者为仙人。然则世称升仙为登霞，其义即源于火葬，明矣。《礼记·曲礼》上曰'天子崩，告表曰"天王登假"'，《周颂·下武》笺曰'既没登假'，本书《大宗师篇》崔本曰'死登假三年而形遁'……《吕氏春秋·本味篇》高《注》曰'群帝，众帝先升遐者'，此死称登假升遐者，亦足证登假之语，本与丧葬有关。诸家虽知本篇之文，当从徐

读，而不能质言登假之义，故具论之，以明庄子思想背景焉尔。"
闻师考释精详，庶可正历代注解之误。黄帝和道家思想皆出自古
代的羌戎，火葬习俗和升霞的神话仍保存于西南广大地区彝族之
中。庄子思想即源于此。中国社会科学院研究员刘尧汉（彝族）所
著《中国文明源头新探——道家与彝族虎宇宙观》，调查、考证极
为精博。闻师五十年前的考释，从刘氏近著中进一步得到科学的
实证。且：将。

㊸ 吴汝纶《庄子点勘》："从是，从之也。是犹之也。"闻一多
先生《庄子章句》说："黄帝自择亡日，果有黄龙垂髯下迎，帝乘
龙升天，群臣从者七十二人。"王骀将择日登霞，众人从之，则与
黄帝事例相同。

㊹ "且"在此无义，疑为衍文，盖承上"彼且"而羡。林纾《庄
子浅说》："彼何肯以物为事。不以物为事，犹言何曾以人之来归
为己务乎？"《南华口义》说："物者，人也。"

申徒嘉①，兀者也，而与郑子产同师于伯昏无人②。子
产谓申徒嘉曰："我先出则子止③，子先出则我止。"其明日，
又与合堂同席而坐④。子产谓申徒嘉曰："我先出则子止，
子先出则我止。今我将出，子可以止乎？其未邪⑤？且子见
执政而不违⑥，子齐执政乎⑦？"申徒嘉曰："先生之门固有执
政焉如此哉⑧？子而说子之执政而后人者也⑨。闻之曰：'鉴
明则尘垢不止⑩，止则不明也。久与贤人处则无过。'今子之
所取大者，先生也⑪，而犹出言若是，不亦过乎⑫？"

子产曰："子既若是矣⑬，犹与尧争善⑭，计子之德⑮，
不足以自反邪⑯？"申徒嘉曰："自状其过⑰，以不当亡者
众⑱；不状其过，以不当存者寡⑲。知其不可奈何而安之若

命，唯有德者能之⑳。游于羿之彀中㉑；中央者，中地也；然而不中者，命也㉒。人以其全足笑吾不全足者多矣，我怫然而怒㉓；而适先生之所，则废然而反㉔，不知先生之洗我以善也㉕。吾与夫子游十九年矣，而未尝知吾兀者也。今子与我游于形骸之外，而子索我于形骸之内㉖，不亦过乎？"子产蹴然改容更貌曰："子无乃称㉗！"

注释：

① 《释文》："李云：'申徒，氏；嘉，名。'"郑国的贤人。

② 郑子产：（公元前？—前522）名侨，字子产，春秋时郑国的政治家，郑穆公之孙，子国之子。公子之子称公孙，故名公孙侨，以父字为氏，故又名国侨。郑简公二十三年（前543）执国政，郑定公八年（前522，当鲁昭公二十年）卒。伯昏无人：本书《列御寇》作伯昏瞀人，《列子·黄帝篇》亦作伯昏瞀人。据命名之意，当以瞀为正字，盖战国时早期道者的别号。《列子·天瑞篇》张湛注："伯昏，列子之友，同学于壶子者。"《庄子》两次记载伯昏与列子交游事。《田子方》记伯昏与列子论射艺；《列御寇》伯昏向列子讲论处人之道。伯昏年长于列子，道亦高于列子，二人关系居师友之间。《让王篇》载列子居郑时，逢郑人杀其相子阳。《史记·郑世家》记郑相子阳被杀在缪公二十五年（前398），而子产卒于定公八年（前522），是所记伯昏与子产交游事则在子产卒后一百多年。子产不可能从学于伯昏。子产是孔丘极力赞誉的执国政的人物，而庄周则假托此事以贬之耳。

③ 止：留。郭象注："羞与刖者并行。"《庄子集解内篇补正》："有恶心也。不审其德，而恶其形。"

④ 又与合堂同席而坐：北房的前厅称堂。申徒嘉和子产同学

于伯昏瞀人，合坐堂上，故曰"合堂"。同坐在一领席上，故曰"同席"。

⑤ "其未邪"是其未可以止乎的省略。难道不该留下么？其，岂，难道。

⑥ 执政：子产自称。违：避。

⑦ 齐：同。

⑧ 固：闻一多先生《庄子章句》读为顾，却。如此：像这个样子。

⑨ 前而字用同乃。说：读为悦。后人：以人为后，即轻视人的意思。后，意动词。《庄子集解内篇补正》说："言子重视子之执政，而轻视人也。说者，好之也；后人者，恶之也；非游心于德之和也。"林纾《庄子浅说》："说者，美满自喜之意，笑其矜夸在位，每事欲处物先也。"阮毓崧《庄子集注稿本》说："欲处物先，而反告人后也。"以后人为子产后于人，林、阮的解释均误。

⑩ 止：集。

⑪ "今子之所取大者，先生也"是个判断句。取，求，学。大指道。《老子》第二十五章："有物混成，先天地生，寂兮寥兮，独立而不改，周行而不殆，可以为天地母。吾不知其名，强字之曰道，强为之名曰大。"是知大即道。取大即求道、学道。全句是"今你所学道的是先生"。陆树芝《庄子雪》说："欲增知识，故以为取大。"道家不重知识，此显系误解。《庄子集注稿本》释取大为引重，更是望文生训。成玄英疏："今子之所取可重可大者，先生之道也。"即以大指先生之道。林纾《庄子浅说》说："取大者，取其重大，犹言道德也。"成、林二氏虽以大指道，但仍释为重大，不知在道家大即道的同义词，未达一间。

⑫ 过：过错，和上文"则无过"的过同义。下文"不亦过乎"即承上文的过而言。今注有解为"过分"的，非是。

⑬ 若是：如此，指受刖刑而身残。

⑭ 犹与尧争善：想和尧比较优劣。胡文英《庄子独见》说："与尧争善，思比德于尧也。"闻一多先生《庄子章句》说："尧，善之至者，故以为言。"

⑮ 计：计算，衡量。德：德行，此指子产以形体衡量的德行，非本篇"德"的意义。

⑯ 自反：自己反省。

⑰ 严复《庄子评点》说："状，辩说。"

⑱ 亡：亡足，不当亡，不应该遭断足的刑罚。

⑲ 不状其过，以不当存者寡：认为自己不应该保存脚的人是少的。以上两句是申徒嘉回答子产"不足以自反邪"的话，说明自己反省之后是不应该被受刖刑的。这也反映出当时无辜而受刑的人是众多的。

⑳ 闻一多先生《庄子章句》说："应从《人间世篇》补'其'字。"其在这里用为兼语，指刖足之刑。按句法不该省略。《庄子集解内篇补正》说："自反不当亡足，今竟亡之，非由过，乃由命，此无可奈何者也。命而能安，非德不能也。此答子产'计子之德'句。"若命，顺命。

㉑ 羿：古代传说中的善射者，《尚书·五子之歌》作后羿，《楚辞·天问》作夷羿。彀中：犹今言射程以内。彀，张弓。成玄英疏："其矢所及谓之彀中。言羿善射，矢不虚发，彀中之地，必被残伤，无问鸟兽，罕获免者；偶然得免，乃关天命。"《庄子口义》："彀中乃其必中之地，喻世之危如此，况在战国之时，此语尤切。"

㉒ 《庄子集解内篇补正》说："言今人亡足者多矣，竟获全足，犹之羿射无不中，今游其彀之中央，必不免于中，而竟不中者命也。此喻人之全足，由命，非由德。"上二中字读平声，下二中字读去声。

㉓ 怫然：勃然，暴怒的样子。怫、勃音通义同。

㉔ 废然：没有精神的样子，言往时的怒气完全消泄了。反，林云铭《庄子因》写作返，返回。《庄子口义》说："反，归也。言一见先生而归，皆失其所以怒。"朱得之《庄子通义》的反也旁注归字。反和上文的适相应，当作返归解。郭象注曰："废向者之怒而复常。"成玄英疏为"废向者之怒而复于常性"。后人注释，率多从之。废然在句中是状语，并非动词，郭、成二氏所解废然均误，并释反为"复常"或"复于常性"，增字解词，亦非。

㉕ 洗：洗濯。藏云山房主人《南华大义解悬参注》说："先生以善洗濯我心，而我不自觉也。"陈寿昌《南华正义》说："以善道洗濯我之怒气，在我并不自知也。"都是说先生洗濯己怒，在不自觉之中。正是本篇所说的"立不教，坐不议"，无言而化的作用。奚侗《庄子补注》以洗为先的借字，说"先犹导也"。引导或教导则出自先生的主动，显与本篇主旨不合，奚说非是。《庄子口义》亦以洗为先，说"先，前进也"，所解更为迂曲牵强，亦非。"也"旧作"邪"，王引之《经传释词》卷四说："邪犹也也。"并引本文为例。注曰："邪与也同义，犹言日迁善而不自知也。郭象注：'不知先生之洗我以善道故邪？为我能自反邪？'失之。"《庄子集解内篇补正》说："陈氏《阙误》于'洗我'句下有'吾之自寤邪'一句，注'见张本，旧阙'。武按：言适先生之所则废然而返者，由于被化而非自寤明矣，阙者失之。"褚伯秀《南华义海纂微》亦有"自寤"一句。按诸文意，以王、刘二氏所说为是。"自寤"句或后人据郭注而加旁解衍入正文者，遂为张氏所本，褚氏又据张本而误耳。

㉖ 旧作"今子与我游于形骸之内，而子索我于形骸之外"。王懋竑《庄子存校》说："郭云：'形骸外矣，其德内也。今之与我德游耳，非与我形交，而索我外好，岂不过哉！'按郭解内外字分

明，但略费力……内外字当互易。"考《庄》文的思想和句例，王说至确。《齐物论》"而游子四海之外"，又"而游于尘垢之外"。《大宗师》"孔子曰：'彼游方之外者也，而丘游方之内者也。'"《南华经解》说："游方之外，游于方偶之外，所谓出乎世法者。游方之内，游于方偶之内，所谓在世法中者。"出于世法即不拘于世上的礼法，在世法中即拘于世上的礼法。由上"四海之外"、"尘垢之外"、"方偶之外"、"方偶之内"的句例，知"形骸之外"是不拘形骸，即不受形骸的限制。这和《大宗师》的"外于形骸"是同一思想。"形骸之内"则拘于形骸。所以"索我于形骸之内"意即只就形骸来要求我。旧本内外颠倒。注家多解形骸之内为心、为德。形骸之外为形迹、为外貌，强辞费力，曲折难通。内外互易，则与《庄》文句式一致，句义透彻。《庄子义证》和闻一多先生的《庄子章句》均以王校为正，可谓具有灼见者也。

㉗ 蹴然：朱桂曜《庄子内篇证补》说："盖变色貌。"字又可写作蹵、憱、愀、蹙、欨、慽、造，朱氏考释甚为详备。王先谦《庄子集解》："乃者，犹言如此。子无乃称，谓子勿如此言也。"

鲁有兀者叔山无趾①，踵见仲尼②。仲尼曰："子不谨，前既犯患若是矣③，虽今来，何及矣！"无趾曰："吾唯不知务学而轻用吾身④，吾是以亡足。今吾来也，犹有尊于足者存焉⑤，吾是以务全之也。夫天无不覆，地无不载，吾以夫子为天地，安知夫子之犹若是也！"孔子曰："丘则陋矣。夫子胡不入乎？请讲以所闻⑥！"无趾出⑦。孔子曰："弟子勉之！夫无趾，兀者也，犹务学以复补其前行之恶⑧，而况全德之人乎⑨？"无趾语老聃曰："孔丘之于至人，其未邪？彼何宾宾以学子为⑩？彼且蕲以諔诡幻怪之名闻⑪，不知至人之以是为己桎梏邪⑫?"老聃曰:"胡不直使彼以死生为一条,以可不可为一贯者,解其桎梏,其可乎⑬?"无趾曰:"天刑之,安可解⑭!"

注释:

① 闻一多先生《庄子内篇校释》说:"叔山疑即蜀山。古有蜀山氏。《大戴礼记·帝系篇》曰:'昌意娶于蜀山氏。'《楚语》上'惧之以蜀之役',韦注曰:'蜀,鲁地。'"古有以居住地名为氏者。《释文》:"李云:'叔山氏,无足趾。'"《南华经解》说:"遂以为号。"

② 踵见:用脚跟走路去拜见。《释文》:"崔云:'无趾,故踵行。'"《庄子集注稿本》:"趾,足掌。踵,足跟。"《庄子集解内篇补正》说:"《让王篇》'纳履而踵决'。成云:'履败,纳之而根后决也。'谓踵为足根也。《玉篇》:'踵,足后。'《淮南·地形训》:'北有跂踵民。'注:'跂踵,踵不至地,以五指行。'叔山无趾,故以踵行,与跂踵相反。郭乃训踵为频,又有训为至者,均与本义不合。"春秋战国时代遭受刖刑的人很多,故有"国之诸市,屦贱踊贵"的现象。《说苑·复恩篇》记"北郭骚踵见晏子"。北郭也是受了刖刑的人,与叔山氏相同,盖都是足跟着踵而行者。

③ 犯患:逢祸。《庄子义证》:"犯借为逢。……本书《大宗师篇》'今一犯人之形而犹喜之',《淮南·修务训》犯作逢,是其例证。"犯、逢上古声母和主要元音相同,又意义相近,可以借用。

④《庄子义证》说:"务下疑夺学字。"下文有"夫无趾,兀者也,犹务学以复前行之恶"。细审本段前后文思的脉络,下文的"务学"是承此句而来的,所以务下当依《庄子义证》补学字。释德清《庄子内篇注》说:"务谓务学道也。"在注中已补足了学字。

⑤ 尊足：各家都解为尊于足，依意尊下当补于字。尊于足者，比足还要尊贵的东西，系指德言。存：在。存下原缺焉字。刘文典《庄子补正》说："《御览》六百七引存下有焉字，文义较完。《御览》引书多删削，少增益。此必旧有焉字，而今本敓之也。"存下应有表示处所的代词，焉字当补。

⑥ 请讲以所闻：请（允许我）讲一讲我所知道的道理。郭象注："闻所闻而出，全其无为也。"成玄英疏："仲尼自觉鄙陋，情实多惭，故屈无趾，令其入室，语说所闻方内之道。既而蓬庐久处，刍狗再陈，无趾恶闻，故默然而出也。"《庄子因》说："与讲学。"胡方《庄子辩正》说："大约不外博文约礼。"并注"无趾出"说："闻讲而出。"《庄子集注稿本》说："请无趾入，欲说以方内之道。"以上数家解说至明，而古今注者，犹多误"讲以所闻"者是无趾，主客颠倒，大谬。盖不明古代语言中"请"字句的委婉意义和"所闻"是"己之所知"的谦辞的缘故。例如《人间世篇》"丘复请以所闻"，就与此句相仿。《齐物论》的"请言其畛"，《至乐篇》的"请尝试言之"，都是此类委婉句法，至于《左传》就更多了。"请"用今语补足，意思是"请您允许我……"。

⑦ 无趾出：无趾听了孔丘讲论之后，径出。显示对孔丘所讲论的"方内之道"是极为厌恶的。下文无趾对老聃所说的话，都是由对孔丘的言论印象所引起的。《庄子浅说》谓"请其入室，无趾不听而出"，非是。

⑧ 闻一多先生《庄子章句》从《御览》六〇七引有"其"字。依语法当补"其"字。

⑨ 全德之人：德无亏损的人。孔丘认为无趾是形残原于德亏的人，故如是言。《庄子内篇注》释"全德"为"全体"，张默先生以"德"同"得"，"全得"即"全形"，均误。

⑩ 宾是彬的假借字。宾彬声韵俱同。成玄英疏："恭勤貌。"

这里用作状语。现代话的"彬彬有礼",即古语之遗。俞樾《诸子平议》以宾是频的借字,《庄子义证》言宾借为谝,《庄子内篇证补》说"宾盖缤字。缤缤,往来貌也",均误,以同而,状语后面的连词。子指老聃。恭谨殷勤地向老聃求教,正绘出孔丘逶迤求名之行。三家舍明直深切的意义而于迂曲牵强中求之,盖未深思《庄》文之神味耳。

⑪ 且:将。蕲:同祈,求。《诸子平议》说:"諔诡,当读为弔诡。《齐物论篇》'其名为弔诡',正与此同。弔作諔者,古字通用。"弔(tiɔg),在段玉裁《谐声表》第二部;諔(deiok)在第三部,声韵并通。《释文》:"李云:'諔诡,奇异也。'""祈以弔诡幻怪之名闻。"意即求以奇异的虚名闻于天下。

⑫ 桎梏:木制的刑具加在手上的叫桎,加在足上的叫梏。闻一多先生《庄子章句》说:"至人视名声犹己身之桎梏,彼殆未之知邪!"

⑬ 一条:一贯同义,都是一的意思。可不可:即是和非。闻一多先生《庄子章句》说:"通生死是非为一,则名声可忘,而桎梏解矣。"

⑭ 王先谦《庄子集解》说:"言其根器如此。"闻一多先生《庄子章句》说:"彼其天性,方以居桎梏之中为乐,孰可得而解之哉!"孔丘受祈求虚名的思想所累而不自知,终日以此为事、为乐。这种思想之累,如同天然的、与生俱来的刑戮,是解脱不了的。

鲁哀公问于仲尼曰:"卫有恶人焉①,曰哀骀它②,丈夫与之处者,思而不能去也③。妇人见之,请于父母曰:'与为人妻,宁为夫子妾'者,十数而未止也④。未尝有闻其唱者也⑤,常和而已矣⑥。无君人之位以济乎人之死⑦,无聚禄以望人之腹⑧；又以恶骇天下⑨；和而不唱，知不出乎四域⑩；而且雌雄合乎前⑪，是必有异乎人者也。寡人召而观之，果以恶骇天下。与寡人处，不至以月数⑫，而寡人有意乎其为人也；不至乎期年⑬，而寡人信之。国无宰，寡人传国焉。闷然而后应⑭，氾若而辞⑮。寡人丑乎⑯，卒授之国。无几何也⑰，去寡人而行⑱。寡人恤焉若有亡也⑲，若无与乐是国也⑳。是何人者也？"

仲尼曰："丘也尝游于楚矣㉑，适见狍子食于其死母者㉒，少焉眴若皆弃之而走㉓。不见己焉尔㉔，不得类焉尔㉕。所爱其母者，非爱其形也，爱使其形者也㉖。战而死者，其人之葬也不以翣资（柳）㉗；刖者之屦，无为爱之㉘；皆无其本矣㉙。为天子之诸御㉚，不爪剪，不穿耳㉛；取妻者止于外，不得复使㉜。形全犹足以为尔㉝，而况全德之人乎！今哀骀它未言而信，无功而亲，使人授己国，唯恐其不受也。是必才全而德不形者也㉞。"

哀公曰："何谓才全？"仲尼曰："死生、存亡、穷达、贫富、贤与不肖、毁誉、饥渴、寒暑，是事之变，命之行也㉟；日夜相代乎前㊱，而知不能规乎其始者也㊲。故不足以滑和㊳，不可入于灵府㊴。使之和豫通而不失于兑㊵；使日夜无郤而与物为春㊶，是接而生时于心者也㊷。是之谓才全。""何谓德不形？"曰："平者，水停之盛也㊸。其可以为法也㊹，内保之而不外荡也㊺。德者，成和之修也㊻。德不形者，物不能离也㊼。"

哀公异日以告闵子曰㊽："始也吾以南面而君天下，执民之纪而忧其死㊾，吾自以为至通矣㊿。今吾闻至人之言[51]，恐吾无其实[52]，轻用吾身而亡其国[53]。吾与孔丘非君臣也，德友而已矣[54]。”

注释：

① 恶：貌丑。

②《释文》：“李云：‘哀骀，丑貌，它其名。’”朱起凤《辞通》卷五云：“骀乃骶之讹，它为驼字之省。哀者矮也。哀骀它犹云矮橐驼也。”李注不够确切。闻一多先生《庄子章句》也以它为驼的借字，盖貌丑而且驼背也。

③ 思：爱慕。闻一多先生《庄子义疏》说：“《方言》十‘凡相怜哀江滨谓之思’，怜哀即怜爱。《吕氏春秋·报更篇》注：‘哀，爱也。’《鲁语》注：‘虞思字幕。’幕读为慕。思而不能去，即爱慕而不能舍也。”成玄英疏：“遂使丈夫与同处，恋仰不能舍去。”成以恋仰释思，亦即爱怜之意。

④ 与：与其。“与其……宁”是选择复句连词。与其为别人的妻子，宁为哀骀它的妾的不只十几人。

⑤ 唱者：首先倡导什么。

⑥ 和：应和。

⑦ 君人：动宾词组，居在人君统治人的地位。济：救。成玄英疏：“骀它穷为匹夫，位非南面，无权无势，可以济人，明其怀人不由威力。”

⑧ 聚：积。禄：俸禄。古代官吏以粮食为俸禄。望借为朢。郭庆藩《庄子集释》引李桢曰：“《说文》‘朢，月满也’。腹满则饱，犹月满为朢，故以拟之。”

⑨ 骇天下：使天下的人惊骇。

⑩ 知：读为智。《庄子集解内篇补正》：“《淮南·主术训》‘昔者神农之治天下也，神不驰于胸中，智不出于四域’，注云：‘信

身在中.'是此知字当读智。郭云：'不役思于分外。'成云：'忘心遣智，率性任真。'二说得之。"域：界线。智虑不越出界线，意即未尝深谋远虑。正如成疏所说："未尝役思运怀，缘于四方分外也。"焦竑《笔乘》也说："和而不唱，不见其能首事也。知不出乎四域，不见其有远略也。"释性涌《南华发覆》说："知虑亦只在范围之内，苦无超出寻常。"《庄子集解》却说："知名不出四境之远。"《庄子集注稿本》也说："既无高位厚禄，故四境外者，尚不知其名。"解知为知名，非是。此句与上句"和而不唱"紧密相连，若从王、阮二氏的解释，则文不相从矣。

⑪ 而且：原作且而，曹础基先生的《庄子浅注》改作而且，甚是。依文意当乙。雌雄：指上文的妇人、丈夫。宣颖《南华经解》说："丈夫妇人皆来亲之。"郭注、成疏皆以雌雄为禽兽之属，非是。褚伯秀《南华义海纂微》说："雌雄之义，所解不一，或以为禽兽者，本于《列子》雌雄在前，挚尾成群之说。窃考经意，丈夫与之处，思而不能去，妇人愿为妾之语，则雌雄合乎前，言丈夫妇人归之者也。"

⑫ 不至以月数：不到一个月。以月数，按月计算。数，读上声。

⑬ 期(jī 基)年：一周年。

⑭ 闷(mēn)然而后应：闷了一会，然后才回答。今语尚有"闷着不吭声"的话。《庄子口义》："无意而答之意。"刘士琏《南华春点》说："若不悦其事。"部分地说出了回答的神情。《庄子义证》说："闷借为懑。《说文》：'懑，忘也。'"迂曲为训，非是。

⑮ 氾：同泛。而若：应作若而。若同然。奚侗《庄子补注》说："'氾而若辞'文不成义，当作'氾若而辞'。氾若与上闷然相对。《田子方篇》'昧然而不应，泛然而辞'，氾泛通用。《一切经音义》十四'泛，古文氾'，是氾若犹泛然也。此可为而若误倒之

证。"《古逸丛书》本正作"氾若而辞"。屈复《南华通》说:"泛然,不经心也。"即不以为意的样子。武延绪《庄子札记》说:"氾下疑亦有然字。"今人校注多从之,氾下补然字,作"氾然而若辞"。文辞累赘,意义重复。武氏的臆补是错误的。

⑯ 醜:愧的借字,惭愧。《释文》:"李云'慙也',崔云'愧也'。"《庄子义证》:"醜借为媿(同愧)。《说文》'媿,慙也。'"林云铭《庄子因》说:"自媿不如。"

⑰ 无几何:没有多久。

⑱ 去:离开。

⑲ 恤:或写作卹,忧虑。亡:遗失。

⑳ 若无与乐是国也:好像无人和我共同享受这个国家的欢乐了。陈懿黄《南华经精解》说:"若无人可与共享此国之乐也。"

㉑ 闻一多先生《庄子校补》说:"游旧作使。《释文》曰:'使本一作游。'案孔子无使楚事,一本作游是也。今据正。疏曰:'丘曾领门徒游行楚地。'是成本亦作游。"

㉒ 狶:豚的异体字。食:食乳。

㉓ 眴若:眴然,惊的样子。俞樾《诸子平议》说:"眴若犹眴然也。《徐无鬼篇》'众狙见之眴然弃而走',此云眴若,彼云眴然,文异义同。眴、恂并㤰之叚字。《说文·兮部》:'㤰,惊辞也,从兮旬声。'眴、恂亦从旬声,故得通用。《释文》引司马曰'惊貌',得之矣。'眴若皆弃之而走',言狶子皆惊而走也,盖始焉不知其为死母,就之而食,少焉觉其死,故皆惊走也。'眴若'二字以其子言,不以其母言。《释文》又引崔云'目动也',谓死母目动。然则其母不死,与下意不合矣。下文云'不见已焉尔,不得类焉尔'。郭注曰:'夫生者以才德为类,死而才德去矣,故生者以失类而走也。'若从崔说,死母之目尚动,是其才德未去,何为以失类而走乎?"闻一多先生《庄子义疏》说:"《释文》'眴本亦作

瞬',眴、瞬一字。崔云'目动'不误。目动即惊貌,特不当指母言耳。俞说借为夐,非是。"《说文》无眴字,俞氏据《说文》言,故谓眴为借字。《齐物论》"惴慄恂懼",恂当为借字。《说文》有旬、瞚、瞤而无瞬字,旬、瞚、瞤皆为目动,后世用瞬而旬、瞚、瞤废。人惊惧时目必动摇,故瞬亦有惊义。《田子方篇》"今汝怵然有恂目之志",《释文》引李注:"恂又作眴。"《列子·黄帝篇》文同。杨伯峻《列子集释》引秦恩复曰:"恂当作眴。"《释文》引何承天《纂要》说:"吴人呼瞬目为恂(眴)目。"是瞬恂在语言中通用之证。

㉔《南华通》说:"以其目瞑而不见己也。"闻一多先生《庄子章句》说:"焉尔犹乃尔也。乃,如此也。"

㉕吴世尚《庄子解》云:"不类母生时之形。"高秋月《庄子释意》说:"言形僵不类乎前也。"言其母形僵与生前不相类。

㉖闻一多先生《庄子章句》说:"使其形者,精神也。"即主宰形体的精神。

㉗闻一多先生《庄子校补》说:"贸旧作资。孙诒让曰:'翣资疑即翣柳。《周礼·缝人》衣翣柳之材。郑注:故书翣柳作接橨。郑司农曰:接读为澀,橨读为柳,皆棺饰。此资即橨之讹。'案本作贸,即橨之省。贸与资形近,故讹为资,今改正。"《仪礼·既夕礼》郑玄注:"翣,扇也。"扬雄《方言》五:"扇自关而东谓之篓,自关而西谓之扇。"郭璞注:"今江东亦通名扇谓篓。"戴震疏证说:"篓亦作翣。"篓翣同。先世翣为羽制,故从羽;后世改为竹制,故书作篓。《小尔雅·广服》:"大扇谓之翣。"崔豹《古今注》:"雉尾扇起于殷世,高宗时有雊雉之祥,服章多用翟羽。周制以为王后夫人之车服。舆辇有翣,即缉雉尾为扇翣以障翳风尘也。汉朝乘舆服之。"《荀子·礼论》说:"礼者,以生者饰死者也。"翣原是王后夫人的车饰,以车饰的形制用于棺饰,故棺饰亦有翣。《礼

记·檀弓》："人死，斯恶之矣。无能也，斯倍之矣。是故制绞衾，设蒌翣，为使人勿恶也。"这是后人棺设翣柳的主观目的。翣柳亦可说成柳翣。蒌即柳，又可写作缕。蒌、缕、柳音通。《说文》："翣，棺羽饰也。天子八，诸侯六，大夫四，士二，下垂，从羽妾声。"段玉裁注："羽衍文，棺饰本《周礼》。《周礼》：'丧缝棺饰焉，衣翣柳之材。'《檀弓》：'周人墙置翣。'又：'饰棺，墙置翣。'郑曰：'翣以布衣木如摄与。'《丧大记》注：'汉礼翣以木为筐，广三尺，高二尺四寸，方、两角高，衣以白布，画者画云气，其余各如其象，柄长五尺；车行，使人持之而从；既窆，树于圹中。'按之：经无用羽明文，以其物下垂，故从羽也……《丧大记》君黼翣二，黻翣二，画翣二。此诸侯六翣也。大夫黻翣二，画翣二。此大夫四翣也。《周礼》注天子又有龙翣二。翣者，下垂于棺两旁，如羽翼然，故字从羽，非真羽也。"翣初为雉羽所制，故字从羽，又或以竹为框，故别写作蒌、箑。《说文》羽非衍文，段注误。后世改用白布，画以云气。《淮南子·氾论篇》"周人墙置翣"，高诱注："周人兼用棺椁，故墙置翣，状如今要扇，画文插置棺车箱以为饰，多少之差，各从其爵命之数也。"《后汉书·赵咨传》李贤注曰："翣以竹为之，高二尺四寸，广三尺，衣以白布，柄长五尺，葬时令人执行于枢车旁也。"翣初为羽制，插于枢旁，后世改为布制，以手执之随行车旁。闻一多先生《庄子义疏》说："翣则今之掌扇也，疑上世虽天子亦只二，以象鸟翼，亦图腾同体化之遗制也。"殷商的图腾是"玄鸟"，《古今注》言翣始于殷世，且服章多用翟尾，其为图腾遗制无疑。

《周礼·天官·缝人》"衣翣柳之材"，郑玄注："必先缠衣其木，乃以张饰也。"孙诒让正义："《说文·木部》云：'材，木挺也。'又《糸部》云：'缠，绕也。'谓翣以木匡及柄，柳上荒（幌）下帷，亦以木为橦（竿）……贾疏云：'翣柳二者皆有材，缝人以采缯衣缠之，乃后张饰于其上。'……凡棺饰、帷、池、容、荒、齐等并聚于柳也……凡覆枢车者，上曰柳，下曰墙，柳亦谓之荒，墙衣谓之帷。故《既夕礼》注云：'墙有布帷，柳有布荒。'是也……若总言之，则墙亦通名柳。故《檀弓》释墙为柳衣。《丧大记》注谓帷荒皆所以衣柳。柳亦通名墙……又据《檀弓》及《丧大记》注，则柳为帷荒内木材之名；而《檀弓》孔疏则谓帷荒及木材总名曰柳。然则枢车之上，上荒下帷，内材外衣，通得柳名，此经之柳固无所不陔矣。"

《释名·释丧制》："舆棺之车，其盖曰柳，亦曰鳖甲，似鳖甲然也。其旁曰墙，似屋墙也。"是柳原指扎制灵枢盖子的木竿，柳上蒙的布叫荒。柳、荒亦可统称柳。四周叫墙，墙上围的布叫帷，礼经的柳又可总括内材外衣，即荒及墙和帷而言。本文的柳即是此义。焦竑《庄子翼》引褚伯秀《管见》说："周以棺衾饰以柳翣，贵贱隆杀，各当其宜，所以慎终也。若战而死，则非正命，故其葬也不以翣。形且不得全归，何遑仪物之备哉！亦犹刖者之不爱其屦也。"《左传》哀公二年："若其有罪，绞缢以戮，素车朴马，无入于兆。"孔颖达疏："素车无饰，谓不以翣柳饰车也。"并引《周礼·冢人》："凡死于兵者，不入于兆域。"古代战死、凶杀与有罪被戮者，不用翣柳饰棺，且不得葬于本族的墓地。

"翣柳"因误为"翣资"，自郭象以来，即不得其正解。《释文》从之，并别引李颐云："资，送也。"朱桂曜《庄子内篇证补》驳了郭象的误注，征引甚博。然误从李注，并释资为赍，义为送，不辨《周礼·缝人》翣柳"故书接榀"，接是翣的借字，榀是柳的异文。榀讹作资。一多师更举例证，确认孙氏所解，的为明见。朱氏却以孙为非，不察古籍皆以"翣柳"连文，偶或说成柳翣的。翣柳是古代成套的棺饰，当时贵族阶级按照等级，礼仪极为严格，绝无单用翣而去柳的。再者，"以翣送"是后代的语义、句式，上古典籍中所不见。朱氏广征博引，费辞很多，不能根据古礼制、古语言的实际，予以判断，故以是为非，以非为是。今注仍皆以资为正文，多从李氏之误。杨伯峻《左传》哀公二年注说："翣乃以羽毛为伞形或扇形之物，有柄，灵车行时，持之两旁随行。"古翣未有作伞形者，"伞形之物"作为仪杖是战国以后的事。且春秋时代翣尚插于棺的两旁，无用手持之随行车之两旁者，《礼记·檀弓》："孔子之丧，公西华为志焉：饰棺，墙置翣，设披，周也。"可为明证。杨氏盖未之详考，信笔书之耳。

㉘ 为：用（见王引之《经传释词》第二）。闻一多先生《庄子章句》说："所爱于屦者，为足故耳。"

㉙ 本：根本的东西，这里指人的完整的形体和足，闻一多先生《庄子章句》说："翣本于形，屦本于足。"释德清《庄子内篇注》说："意谓真可爱者，本也。"

㉚ 诸御：众男女使用的人。

㉛ 不爪剪：不剪手足甲。《淮南子·兵略篇》"乃爪剪"，高诱注："去手足甲。"这是说御女不加修，使其形全。

㉜ 取妻者止于外，不得复使：男仆娶妻者形有亏损，即止宿宫外，不再入内奉侍。马其昶《庄子故》说："不爪剪，不穿耳，疑古女子在室之容，今新妇始剪面发，是其遗意。此言女御。娶妻者不使，言男御。盖天子诸御，必男女之未婚娶者，体纯全也。"

㉝ 为尔：为此。指天子的侍从。

㉞ 才全：才质完美无亏损。德不形，道德不显露在外。《庄子内篇注》说："才全者，谓不以外物伤戕其性，乃天性全然未坏，故曰全。"《南华通》说："才，自其赋于天者而言；德，自其成于己者而言。浑朴不斫曰全。深藏不露曰不形。"

㉟ 是：此，指以上诸种对立的现象。命之行：天命的流行。

《南华通》说："天人一体，凡事之变，皆命之流行。"

㊱ 日夜相代乎前：日和夜循环交替着向前流行。

㊲ 知：读平声，知识。规：窥的假借字，窥测。《南华经解》说："虽有知者，不能诘其所自始。"闻一多先生《庄子章句》说："人之知识不能测其所自始。"

㊳ 滑：乱。和：和谐，安适。《庄子补正》说："《淮南子·原道篇》：'圣人不以身役物，不以欲滑和。'高注：'不以情欲乱中和之道也。'《俶真篇》：'登千仞之溪，临蝯眩之岸，不足滑其和。'注：'滑，滑乱。和，适也。'《精神篇》：'生，寄也；死，归也；何足以滑和？'注同。滑和，盖道家之恒言也。"和，即下文"德者成和之修也"的和。《田子方篇》"（阴阳）二者交通成和而物生"，所以和即指阴阳二气调和的状态，义同"物得以生谓之德"的德。不足以滑和，即不足以乱德，也就是不足以坏乱天性的和谐、安适。

㊴ 灵府：心。成玄英疏："灵府者，精神之宅，所谓心也。"《庄子口义》说："不入于灵府者，不动其心也。"

㊵ 使之和豫通而不失于兑：使心灵和谐之气流通，而不让从耳目口鼻遗失。之，代词，指心灵，在句中用作兼语。兑，穴的假借字，这里指耳目口鼻等窍穴。朱骏声《说文通训定声》："兑假借为阅，实为穴。"《说文》阅字段玉裁注："古假借为穴。《诗》'蜉蝣堀阅'，阅即穴。宋玉赋'空穴来风'《庄子》作'空阅来风'。"（今本无。见王叔岷《庄子校释》附录一《庄子逸文》。）兑阅声同韵近，并与穴韵相通，故可假借。《庄子集解内篇补正》说："《淮南子·道应训》云'则塞民于兑'，注：'兑，耳目口鼻也。'《老子》'塞其兑，闭其门'，王弼注：'兑，事欲之所由生；门，事欲之所由从。'则王意亦以穴训兑也。《文子·下德篇》：'人之情，思虑聪明喜怒也。故闭四关（注：耳目口鼻），止五遁（注：五情），即与

道沦。是故神明藏于无形，精气反于至真.'据上各说，则此文为使和气逸豫流通于内，而毋使散失于耳目口鼻之穴也。下文'内保之而外不荡'，即为此文取譬。盖修道之要，在啬精凝神，如和气由窍穴散失，则精无由啬，而神无由凝，斯道无由成……《老子》之塞兑，《文子》之闭关，亦同此义。能不失于兑，则能如《文子》所云'神明藏于无形，精气反于至真矣'.'刘氏的阐释至为精当。《释文》引李颐释兑为"悦"，宣颖《南华经解》解为"怡悦"，俱失本旨。王叔岷《庄子校释》说："《淮南·精神篇》袭用此文，兑作充，当从之。高注：'充，实也.'是义也。"《淮南·精神篇》"神滔荡而不失其充"，虽系袭用此文，而语法和语义都有所更改，且与本文思想不同。王氏只从形式比附，不深入理解文义的不同，致有误校。有人言句中的"于"同"其"，不合于虚词语法，不可从。

㊶ 郄：同隙，间断。《田子方篇》正作"日夜无隙"。刘凤苞《南华雪心篇》说："使和豫内通，无一息间断。"高秋月《庄子释意》说："自得之心，时无间隙，而与物接皆是和气。"春，意谓阳春般的温和之气。

㊷ 是：此。接：应接外物。生时于心：从心里生出切合时宜和煦适中的反应。《庄子内篇证补》解接为合，解时为四时，并引《淮南·精神篇》"则是合而生时于心也"，《文子·九守篇》"即是合而生时于心者也"，和《广雅》"接，合也"为证，认为接即合。《淮南》高诱注说："若是者，合于道生四时之化于是心也，言不干时害物也。"高注"合于道"不误。《庄子》中使用接字共 11 处，无一为"合"义者：如《齐物论》的"与接为构"，《在宥》的"接于事而辞"，《天地》的"故其与万物接也"，《天下》的"接万物以别宥为始"等句中，接的意义均与本文相同。《淮南》改接为合，故高注"合于道"，已是字异义别，或《淮南》此文作者误以接为合耳。解

释《庄子》当求切合本文的意义，不可轻信它书的异文去附会。本文的"时"也非"四时"。《庄子口义》解为"时中之时"，甚是。《养生主》"夫子时也"，《大宗师》"以知为时"，《天运》"应时而变者也"，《秋水》"当其时顺其欲者"等句中的时均与本文的时同义。《易经·蒙卦·象传》："蒙亨，以亨行时中也。"《艮卦·象传》："时止则止，时行则行，动静不失其时。"这正是《礼记·学记》所说的"当其可时之谓时"。本文的时即是此义。《证补》对"接"和"时"的解释均误。《南华经解》解接为"接续"，亦误。钟泰《庄子发微》说："'接'即《齐物论》'与接为构'之接，谓与事变相接也。'时'如《礼记·中庸篇》'君子而时中'之时，以承上'与物为春'言。"至为确切。

㊸ 停：止。盛：极，至。郭象注："天下之平，莫盛于停水也。"林云铭《庄子因》说："盛，极也。"林纾《庄子浅说》说："停水者，止水也。盛之为言至也。"

㊹ 《庄子口义》："水停则平，平则可以为法。法，准则也。"今之"水准"一词即由于此。

㊺ 闻一多先生《庄子校补》说："本作'外不荡'，今依文义正。"《文子·上德篇》："莫鉴于流潦，而鉴于止水，以其内保而不荡。"正作"不外荡"。当依闻师校改。藏云山房主人《南华大义解悬参注》说："荡，流也。"水的自体保持平止凝静而不外流，故自然可以作为准则。此句比喻人的内心保持最平和的静止状态，而不外露，即可以为法。

㊻ 德者，成和之修也：德是最完美无亏永远处于和谐顺适的天性。成，完美无亏。和是指自身与天地万物和谐一体。这是最完美无亏的和谐、顺适。吕惠卿《庄子义》说："人之性亦犹是也。其所受于天者，万物皆备，而未始有亏则成也；万物皆一，而未始有乖则和也。德者无它，成和之修而已。"王夫之《庄子解》说："修太和之道既成，乃名为德也。故和莫过于德成，如平莫过于水停。"

《天地篇》的“性修反德，德至同于初”句中的德与本文的德同义。

㊼ 德不形：德不外露。德不外露犹水平不外流，则人自取法。陆树芝《庄子雪》说：“德不形犹水内保而不荡，则物自取法而不可离也。”《庄子集解》说：“含德之厚，人乐亲之。”刘师培《庄子斠补》说：“离疑丽叚，或系杂讹。”离改为丽或杂都与本文的思想意义不合。刘氏望文生训而意改，非是。

㊽ 闵子：名损，字子骞，鲁人，孔子弟子。

㊾ 纪：法纪。《庄子口义》：“执民之纪四字，即是执国之柄。忧其死者，言能爱民也。”

㊿ 通：通达。陈寿昌《南华真经正义》：“通达治术。”

(51) 至人：有至德的人，意同圣人。

(52) 实：指德。《庄子集注稿本》：“恐无君之实德。”

(53) 轻用吾身：犹言轻举妄动。

(54) 德友：以德相交的朋友。

闉跂支离无脤说卫灵公①，灵公说之②；而视全人③，其脰肩肩④。瓮㼜大瘿说齐桓公⑤，桓公说之；而视全人，其脰肩肩。故德有所长而形有所忘⑥。人不忘其所忘⑦，而忘其所不忘⑧，此谓诚忘⑨。

故圣人有所游⑩，而知为孽⑪，约为胶⑫，德为接⑬，工为商⑭。圣人不谋，恶用知⑮？不斲，恶用胶⑯？无丧，恶用德⑰？不货，恶用商⑱？四者，天鬻也⑲。天鬻者，天食也⑳。既受食于天，又恶用人㉑。

有人之形，无人之情㉒。有人之形，故群于人㉓。无人之情，故是非不得于身㉔。眇乎小哉，所以属于人也㉕。謷乎大哉，独成其天㉖。

注释：

① 闉：《说文》："即今之门外曲城也。"阮毓崧《庄子集注稿本》："闉音因，曲城也。下体盘曲者似之。跂：音企，脚跟不着地也。闉跂者，下体曲屈而跂行也。"所解极是。闉，俗呼瓮城，即围绕在城门外的小城。瓮城和城门中间的地方叫瓮圈。这里比况两腿弯曲。俗称罗圈腿。中原地方有直接称为"瓮圈腿"的。《集韵》跂与企同，踮起脚后跟。罗圈腿的人，只能用脚前掌走路，脚跟是沾不着地面的。支：也写作枝，这里义即肢。《人间世篇》："支离疏者，颐隐于脐，肩高于顶，会撮指天，五管在上，两髀为胁。"成玄英疏："四支离析，百体宽疏，遂使颐颊在脐间，肩膊高于顶上。……"驼背的人，便姿势不正，走起路来，两臂不能直贴躯体前后甩动，只能斜离躯干摇摆，这种姿势便是"支离"。《人间世》的"支离疏"，《至乐》的"支离叔"，都是如此。本篇成疏"支体坼裂，伛偻残病"，亦即此义。无脤：即缺唇。脤即脣，即唇。《释文》引崔云："脤唇同。"《南华经解》说："总其诸般丑形以为号也。"罗勉道《南华真经循本》说："闉跂者，跂而守城门也。"王夫之《庄子解》王敔注同，并说"脤即肾也"。今人注译有从罗、王之解以闉为"守城门的人"，盖均加义解词，且未体会《庄子》中假托人名的形象性特点。陆长庚《南华真经副墨》释"无脤"为"无臀"，今亦有译为"没有屁股的人"的，不据形与声求字义，与王敔注以脤为肾，均谬。

② 说：通悦。

③ 全人：身体没有残疾和畸形的人。

④ 其：他们的，指全人。脰：颈。肩：顅的假借字。长而且直。《释文》："脰音豆，颈也。肩肩，简文云：'直貌。'"《庄子集释》引李桢曰："《考工·梓人》文'数目顅脰'，注云：'顅，长脰貌。'与肩义合。知肩是省借，本字当作顅。"《周礼正义》说："顅

与肩通，亦项长而直貌也。"罗锅儿的脖子都显得短而且弯，灵公以此形为美而悦之，自然视常人的脖子长而直是丑了。下文桓公的癖爱与此同。奚侗《庄子补注》解脰为头，肩肩为秃，与上文义扞格不通，大谬。旧注有误以"全人"为此残疾的人全身者，也是没有理解本文之故。

⑤ 甕：一种口小腹大的陶器。瓷：盆。癭：《说文》"颈瘤也"。《南华经解》："癭之大如甕瓷，故称之。"

⑥ 所忘：忘记的东西。指形体的残疾。

⑦ 人：一般人。所忘：承上文的所忘，指残疾的形体。

⑧ 所不忘：不应忘记的东西。指德。

⑨ 诚：真的。闻一多先生《庄子章句》说："不当忘者德，当忘者形。不忘其所当忘，而忘其所不当忘者，是谓真忘。"正如《南华真经正义》所说："形宜忘而不忘，德不宜忘而忘，是真有善忘之病。"

⑩ 有所游：有什么交往。有，及物动词；所游，名词性词组作宾语。游在这里是一般的意义：交往，交游。旧注多解为"游心于虚"、"游心于天"、"乘物以游心"、"逍遥自得"等义。此段讲的是所谓圣人应事接物的思想态度，根据语法和意义不能解作"逍遥游"的游。王世舜同志主编的《庄子译注》解为"处世"，已是概括本段的主旨，意义尚属切合。

⑪ 知：读为智，智慧，智巧。章太炎《庄子解故》说："蘖借为媒蘖之蘖。"至确。这里意谓媒蘖或祸根，即罪恶和灾患的引线，犹如酝酿灾患的曲霉。旧注解为枝蘖，灾祸或妖孽，均误。

⑫ 约：约束，指当时社会一切限制人、约束人的自然德性的礼法、盟约、条文、习俗等事物。胶：原为树胶，这里泛指用以粘合的东西。《南华经解》说："约束之礼，乃胶漆也，非自然而合者。"

⑬ 德为接：有所求得必有所接受于人。武延续《读庄札记》说："德古通得。"《说文》："得，行有所得也。"接，接受。高月秋《庄子释意》："以己得为接物。"

⑭ 工：工巧。《说文》："工，巧饰也。"《庄子通》王敔注曰："工谓迎距之巧。"陆树芝《庄子雪》说："以工巧为商，如贾人自衒求售也。"《南华真经正义》："工者，巧也。恶拙尚巧，乃商贾也，如居奇而求售者。"刘凤苞《南华雪心编》："以技巧求售于人，暗指炫知沽名之事。"旧注多实解为商贾之事，失之。

⑮ 谋：谋虑，谋计。陈懿典《南华经精解》："圣人之心，无思无虑，顺其自然而已，恶用知？"《庚桑楚篇》"知者，谟（谋）也"和"至和不谋"，与此同义。

⑯ 斲：砍削。譬如木材，向不砍削，那里用得着胶来粘合？用以比喻圣人与人的关系，对人向无所斫伤，何用胶合？《知北游》说："圣人处物不伤物。不伤物者，物亦不能伤也。唯无所伤者，为能与人相将迎。"这是同一精神。所以圣人处世犹如庖丁解牛，"因其固然，技经肯綮之未尝"。自然神遇，无往而不顺适，何用人力弥合？

⑰ 闻一多先生《庄子章句》说："德之言得也。未尝丧失，何用复得？"《秋水篇》"至德不得"，郭象注"得者生于失也"，与此同一观点。圣人与天地合一，天地原无所谓得和失。

⑱ 货：售卖。《庄子副墨》说："深藏若虚而不售，恶用夫商？盖有所用则人也。"《庄子雪》说："原不求售，保用自衒？"闻一多先生《庄子章句》说："不求衒鬻，故不求商贾。"《徐无鬼篇》："我心卖之，彼故鬻之。我若而不卖之，故恶得而鬻之？"与本文思想相同。

⑲ 四者：不谋、不斲、无丧、不货。鬻：养。意谓不用以上四种处世的方法，完全靠着天养。

⑳ 食：读为饲。下食字同。

㉑ 受食于天：受天的饲养。闻一多先生《庄子章句》说："既受食于天矣，则当全其自然，不用以人为杂之。"

㉒ 王先谦《庄子集解》说："屏绝情感。"刘武《庄子集解内篇补正》说："无好恶之情。"

㉓ 成玄英疏："和光混迹。"与世人合群，而显露不出特异的地方。

㉔ 无人之情，故是非不得于身：无好恶之情，所以自身招惹不到什么是非。

㉕ 眇：小。《释文》："崔云：'类同于人，所以为小。'"

㉖ 成玄英疏："謷，高大貌也。"在主观意识里与天合一，自己是高大的。《释文》："崔云：'情合于天，所以为大。'"《南华真经正义》说："情累尽指，匪特配天，且浩浩而自成其天也。"《大宗师》的"其一，与天为徒；其不一，与人为徒"和本文的思想是一致的。

惠子谓庄子曰："人固无情乎①？"庄子曰："然。"惠子曰："人而无情，何以谓之人？"庄子曰："道与之貌，天与之形②，恶得不谓之人？"惠子曰："既谓之人，恶得无情③？"庄子曰："是非吾所谓情也④。吾所谓无情者，言人之不以好恶内伤其身，常因自然而不益生也⑤。"惠子曰："不益生，何以有其身⑥？"庄子曰："道与之貌，天与之形，无以好恶内伤其身。今子外乎子之神⑦，劳乎子之精⑧，倚树而吟⑨，据槁梧而瞑⑩。天选子之形⑪，子以坚白鸣⑫。"

注释：

① 固：原作故。闻一多先生《庄子章句》说："《衍义手抄》一

五引故作固。"王夫之《庄子解》故即作固。胡方《庄子辩正》说：
"人之情固人本来所无也。"是解为固。方潜《南华经解》说："故同
固。"故、固音同义通，而固义更明确，当据闻师校改。

②《庄子解》王敔注："道谓化生之常道。"《庄子副墨》说："人
之形色像貌，皆自未始有始中来，皆道与之。道与之即天与之
也。"道与天在此所指相同，只在对句中换文避复而已。

③ 情：指常人的感情。

④ 是：此。

⑤ 因：顺应。益生：使生有益。《庄子解》王敔注："不益生，
不于生有益。"闻一多先生《庄子章句》说："本生之理，不以人为
加益之。"庄子认为有益必有损，所以主张顺应自然，不以好恶内
伤其身。《老子》五十五章"益生曰祥（祥：不祥，灾患）"，与此
同义。

⑥ 闻一多先生《庄子章句》说："有，保也。"《礼记·哀公问》：
"不能有其身。"注："有，保也。"

⑦《庄子口义》："外神者，神用于外也。"即神用于追逐外务。

⑧《天下篇》说："惠施不能以此自宁，散于万物而不厌。"又
说："惠施之才，骀荡而不得，逐万物而不反，是穷响以声，形
与影竞走也。悲夫！"他的"坚白"之辩，就是"逐万物而不反"的事
例之一。这正揭出了惠施的"外乎子之神，劳乎子之精"的原因。

⑨ 树：借为柱。树（＊diug）、柱（＊deǐug）声近韵同。《说文
通训定声》："假借为柱。"并引《方言》五："床，其杠，北燕朝鲜之
间谓之树。"柱，琴瑟系弦的木轴。《汉书·礼乐志》："柱工，员
二人。"颜师古注："工主琴瑟之弦者。"闻一多先生《庄子齐物论义
疏》说："'倚树而吟，据槁梧而瞑'，二句互文，树即槁梧。"槁梧
是琴（详下），柱也当指琴而言，此是以偏代全。《天运篇》"倚槁
梧而吟"和此"倚树而吟"事同。倚，以歌和乐。《义疏》又说："倚

即倚声之倚。《史记·张释之传》：'使慎夫人鼓瑟，上自倚瑟而歌。'《汉书·王褒传》：'选好事者，令倚鹿鸣之声，习而歌之。'《西京杂记》一：'高帝戚夫人善鼓瑟击筑，帝常拥夫人倚瑟而歌。'"吟，歌吟。《三国志·蜀书·诸葛亮传》："好为《梁父吟》。"此言惠施依着琴声而歌吟。

⑩ 槁梧：琴。罗勉道《庄子循本》说："槁桐即所谓枯桐也。枯、槁（原误桐，今正）同义。桐亦可称为梧桐。之类不一，惟枯桐中琴瑟，故名琴瑟为槁梧也。"《尔雅·释木》："荣，桐木。"郭璞注："即梧桐。"郝懿行疏："《说文》：'荣，桐木也。'《初学记》引《诗》义疏云：'有白桐，有青桐，有赤桐。'《齐民要术》云：'白铜无子，任为乐器。'今按白桐亦名梧桐，华紫黄色，有华无实，其皮白色。《本草》陶注：'白桐与冈桐无异。冈桐无子，是作琴瑟者。'"冈桐花紫黄色，白花者为泡桐，木质轻松。冈桐老则木质致密，可作琴瑟。故琴可单言桐。谢邈《谢人惠琴材诗》："风撼桐系带月明，羽人乘醉截秋声。"桐系即琴弦。亦可单言梧。《齐物论》："惠子之据梧也。"《释文》引司马云："梧，琴也。"琴为梧桐老木所制，故本文称为槁梧。《庄子辩正》说："槁梧，琴也。"成玄英疏："槁梧，夹膝几。"臆断无据，非是。瞑：《说文》："翕目也。"翕目即合目，闭目。这里并非眠意。闻一多先生《庄子义疏》说："惠子据梧与其论学有关。《天运篇》黄帝论咸池之乐曰：'吾止之于有穷，流之于无止，予欲虑之不能知也，望之而不能见也，逐之而不能及也，傥然立于四虚之道，倚于槁梧而吟，心穷乎所欲知，目穷乎所欲见，力屈乎所欲逐。'是据梧确与听乐有关，疑惠子本知音者，尝欲据乐理以推寻事物之义理。'据槁梧而瞑'瞑目而沉思也。"即倚据琴声闭目而沉思耳。盖惠子本为知音者，《齐物论》："彼非所明而明之，故以坚白之昧终。而其子又以文之纶终，终身无成。""文"当为"父"之讹。纶为系纶，指

琴。此言惠子以坚白之昧终，其子习其父之琴业，亦终身无成耳。旧注均不审文为父之讹，皆以"文"指上文的"昭文"，致句意不相连属，而强为之解，失之远矣。

⑪ 选：择。故选又含有善义。王骀、申徒嘉、叔山无趾、哀骀它等，都是德全而形不全，都是"德有所长而形有所忘"的人。而惠施却是个全形的人，这便是天择的结果。《南华雪心编》说："天本选择而畀子以最贵人形，子却不自爱，持坚白之说以自鸣，而伤其生也。"成玄英疏释选为授，选无授义，非是。马叙伦《庄子义证》读选为巽，从《说文》解巽为具。朱桂曜《庄子内篇证补》言选与巽、撰、譔、馔并通，均为具义，皆误。

⑫ 惠施是战国中期的"辩者"，即汉代历史家所称谓的"名家"。"离坚白，合同异"是当时辩者们所互相辩诘的一个重要问题。惠施是"合同异"派的代表人物，后于他四五十年的公孙龙是"离坚白"论的代表人物。惠施强调事物的性质的合的一面，公孙龙强调事物的异的一面。二人按年辈言虽然未及直接辩论，而"坚白同异之辩"却从春秋末年持续到战国末年。所以在惠施的同时已有"离坚白"学派存在，且互相争辩。惠施的论述流传下来的极少，他对"坚白石"如何持论，无从得知；公孙龙尚有《公孙龙子》六篇传世。在《坚白论》中说："视不得其（指坚白石）所坚，而得其所白者，无坚也。拊不得其所白，而得其所坚者，无白也。"又说："得其白，得其坚，见与不见谓之离。一二不相盈，故离。"从视觉和触觉察知石的白和坚，他认为"白"、"坚"是可以脱离石而独立存在的。从逻辑上说，这是认为一般可以脱离个体而独立存在的，这在客观存在的事物中是没有的，因而便陷入形而上学的诡辩论。公孙龙在《坚白论》中所设批的论敌的辩辞是："目不能坚，手不能白，不可谓无坚，不可谓无白。其异化也，其无以代也。坚白寓乎石，恶乎离？""坚白寓于石"即"坚白相

盈"，即"坚白石合"。这可能是惠施一派的论点。这一论点却是唯物主义的。鸣：争鸣。《南华副墨》说："徒以坚白之说，哓哓然立是非同异于天下。"焦竑《庄子翼》引碧虚子《南华经注》说："强以坚白同异之辩，鸣噪于众人之前。"二氏评惠施的坚白之鸣为"哓哓然"，"鸣噪"，深得《庄》旨。鸣字在这里寓有贬义的。成玄英疏释为"言说"，失其旨矣。

（《古籍整理研究学刊》2003 年第 3 期）

《庄子·马蹄篇》校注辨正

马，蹄可以践霜雪，毛可以御风寒，龁草饮水①，翘足而陆②，此马之真性也。虽有义台、路寝③，无所用之。及至伯乐④，曰："我善治马。"烧之⑤，剔之⑥，刻之⑦，雒之⑧，连之以羁馽⑨，编之以皁栈⑩，马之死者十二三矣；饥之，渴之，驰之⑪，骤之⑫，整之⑬，齐之⑭，前有橛饰之患⑮，而后有鞭筴之威⑯，而马之死者已过半矣。陶者曰："我善治埴⑰，圆者中规，方者中矩。"匠人曰："我善治木，曲者中钩⑱，直者应绳。"夫埴、木之性，岂欲中规矩钩绳哉？然且世世称之，曰："伯乐善治马，而陶匠善治埴木。"此亦治天下者之过也。

注释：

① 龁：啃，吃。

② 陆：踛的假借字，跳。陆(＊gliok)踛(＊giog)同在段玉裁《古十七部谐声表》第三部。《说文》："踛，曲胫也，读若逴。"陆上古是复辅音，踛属群母，陆踛声韵并通。马叙伦《庄子义证》："桂馥曰(见桂氏《说文解字义证》踛字注)：'陆，《文选·江赋》注引作踛，字当作踛。'踛是踛的变体。"盖踛是本字，踛是后起字。

《江赋》"鲮鳢跦踽于垠隒"，李善注引《埤苍》："跦，蹙跳也。"蹙跳与曲胫义相因。蹄又可转为蹢（∗ᶠiok），蹄、蹢上古声可通（参看李方桂先生《上古音研究》20 页），韵母相同。扬雄《方言》："跦、蹓、跰、跳，楚曰蹢。"《说文》蹢义与《方言》同。《广雅·释诂》二也说："蹢，跳也。"是跦、蹄、蹢均有跳义。《汉书·贾谊传》"又苦跦鳌"，颜师古注："跦，古蹢字。"钱大昕《廿二史考异》："跦，小颜读为蹢，恐亦肊说，当是跦字之讹。"《说文解字义证》也说："《说文》无跦字，当是跦字之讹。"依形言当是跦字之讹，这里的跦虽非跳义，但就音义而言，跦、蹢音义都可通。师古所说形虽误而义不误。章太炎《庄子解故》说："陆训跳者，古只作屵，《说文》云'（鼃）其行屵屵'，又云'夌，越也，从夂从屵'，屵，亦跳也。"章氏误以跳为屵的本义。《说文》："屵，菌屵，地蕈丛生田中，从屮六声。"屵即今言之地耳，形如人耳，黑褐色，雨后丛生田中或林间潮湿的地方。生木上的叫木耳。又《说文》"鼃，屵鼃，詹诸也，其鸣詹诸，其皮鼃鼃，其行屵屵"，段玉裁注："屵屵，举足不能前之貌。蟾蜍不能跳，菌屵、圉上椎钝，非锐物也，故以状其行，此言所以名屵鼃也。"盖蟾蜍体色灰黑，且不能跳，伏在地上，状如土耳，故名屵鼃。朱骏声《说文通训定声》说："鸣詹诸者，不能作声也。屵屵，重言形况字。皮屵屵渚，痹磊之形也；行屵屵者，不能跳挺也。"蟾蜍不能跳跃，段、朱二氏都说"其行屵屵"是不能跳挺的样子。皮屵屵的屵字当作垚。《说文》："垚，土块垚垚也，从土屵声。"段玉裁注："垚，大块之貌。""皮屵屵"即皮垚垚，是皮上有痹磊即疙瘩的样子。《解诂》又引夌为训，《说文》："夌，越也，从夂从屵。屵，高也。"段玉裁注："从夂屵，越之义也。"又说："屵，高大也，说从屵之意。"朱骏声注："从屵犹从陆也。"当云从垚，屵是垚的省形。《说文》垚是土块磊磊的样子，夌从夂从垚省，故有越义，并非垚有越义。综察"其行屵屵"

的尢和交所从的奎都无跳义，故段、朱二氏都不作跳解，《庄子解诂》的训释是错误的。

③ 义台：即仪台，天子诸侯的礼台。《释文》："义，徐音仪，崔本同。"《艺文类聚》九三、《太平御览》八九六引并作仪，是义台即仪台。俞樾《诸子平议》说："仪台犹言容台，《淮南子·览冥篇》'容台振而掩覆'，高注曰：'容台，行礼容之台。'仪与容异名同实，盖是行礼仪之台，故名仪台也。"《史记·魏世家》魏惠王六年"伐取宋仪台"《六国年表》同。仪台，《集解》"一作义台"。知宋有义台并以之为地区名，地当虞城旧址（在今商丘马牧集）西南。魏伐取宋义台正当庄周的幼年时期，所以文中所举的义台必是从宋的义台而来。这里虽是专名借用为通名，但也并非如《庄子解故》所说的泛指"巍台"。

路寝：天子诸侯的正寝。《尔雅·释诂》："路，大也。"所以路寝亦称大寝。《曲礼》孔颖达疏："周礼王有六寝，一是正寝，余五寝在后，通称燕寝。"胡培翚《燕寝考》说："天子六寝，路寝一，小寝五；路寝则正寝，小寝则燕寝。"又说："正寝，亦曰大寝。"孙诒让《周礼·天官·宫人》正义："路寝，《太仆》谓之大寝。燕寝见《女御》，亦曰小寝者，对大寝言之也。此王六寝，自相对为大小。"《春秋经》庄公三十二年"公薨于路寝"，孔颖达疏："天子六寝，则诸侯当有三寝。"江永《乡党图考》和胡氏《燕寝考》都说诸侯有四寝：路寝一，燕寝三。路寝以治事，燕寝以时燕息，按之古代宫室制度和清代学者的考证，当以江、胡二氏之说为是。

④ 伯乐：秦穆公时人。《通志·氏族略·以名为氏》："孙阳氏，赢姓。《英贤传》曰'秦穆公有孙阳伯乐，善相马'。"

⑤ 烧之：烧铁在马的大腿上打火印，作为记号，以便识别。成玄英疏："烧铁炙之也。"陈景元《南华真经章句音义》："烧铁以烁之。"

⑥ 剔之：剔剪马的鬣毛。《释文》：“崔本作鬐。”成玄英疏：“剔谓剪其毛。”王夫之《庄子通》谓“剔其蹄”。给马削蹄子向无言剔的，王注非是。

⑦ 刻之：削马蹄，华北口语叫做“打蹄子”。

⑧ 雒：络的假借字，用绳子套住马脖子。《南华真经章句音义》引江南古藏本、《太平御览》八九六引雒并作络。王念孙《读书杂志余编》读为铬，谓“此云烧之，剔之，刻之，雒之语意略相似，铬即剔去毛鬣爪甲”。案之《庄子》文例和文意，烧、剔、刻、雒是四种不同的治马的手段，而雒又与下文的“羁”不同，王氏以烧、剔、刻、雒语意相似，成玄英疏和《音义》均谓雒是“络马头”，和下文羁的意义重复，俱非。

⑨ 连之以羁馽：给马戴上笼头，用缰绳把它们连起来，或者腿上套上绊子用绳子把它们连起来。羁，马笼头。馽，同絷，马绊子。

⑩ 编之以皂栈：把马成排地拴在马槽上，脚下垫上马床。编，顺次排列。皂，槽的假借字。栈，马床。《广雅·释器》：“皂，枥也。”《疏证》：“《方言》：‘枥，梁、宋、齐、楚、北燕之间谓之樎，或谓之皂。’郭璞注云：‘养马器也。’《史记·邹阳传·集解》引《汉书音义》云：‘皂，食牛马器，以木作，如槽。’槽与皂声相近，今人言马槽是也。”统言之，槽也叫枥，若分言之，槽枥是有分别的。槽是盛草的木槽（或石槽），而枥则指槽内侧栽的木桩。《说文》：“枥，柙指也。”段玉裁注：“柙指，如今之拶指。”拶指是旧时用绳子联系木棍勒夹手指的一种酷刑。张自烈《正字通》说：“枥，牛马皂，谓马厩细棚栏如指排也。”是枥即槽内侧成排树立的桩栏，每格拴一匹马。马伸颈槽内即如刑具夹指的样子。《释文》：“编木作（灵）似床曰栈，以御湿也。”成玄英疏：“栈，编木为栈，安马脚下，以去其湿，所谓马床也。”

⑪ 驰之：使马快跑。之指马，上下句中的之尽同。

⑫ 骤之：使马快走。《说文》："骤，马疾行也。"《诗·小雅·四牡》："载骤骎骎。"《说文》："骎，马行疾也。"段玉裁注："马捷步也。"疾行，行疾，捷步，都不是跑，而是走。《左传》成公十八年"杞伯于是骤朝于晋"，孔颖达疏："骤是疾行之名。"《楚辞·招魂》："步及骤处兮。"王逸注："走也。"走即快步行，现代话里"竞走"的走，仍存古义，解走的古义为跑是错误的。今日华北一带尚称走马为快马。快马走时后蹄可越过前蹄二三尺（河南称"过脚"），而身躯却不摇动，所以乘坐、驾车都不颠簸，较之跑马平稳舒适而且持久。

⑬ 整之：使马的行列整齐。成玄英疏"整之以衡扼"，是说把马驾在车辕上，脖子上夹套着轭，马的行列是整齐的。

⑭ 齐之：使马的行动齐一。成玄英疏"齐之以镳辔"，是说马的步伐姿态是齐一的。《淮南子·览冥训》说："上车摄辔，马为整齐而敛谐，投足调均，劳逸若一……左右若鞭，周旋若环。"高诱注："整齐，不差也。敛谐，马容体足调谐也。"古代的御者必须具有使驾车的马不论疾徐进止都能达到齐一谐调、必要时有合乎音乐节拍的技艺。

⑮ 橛：带有倒刺的马嚼子。《释文》："司马云：'橛，衔也。'"《文选》潘岳《西征赋》："惧衔橛之或变。"李善注："司马彪《庄子》注曰：'橛，騑马口中长衔也。'（今本无）"《史记·司马相如传》："犹时有衔橛之变。"《集解》引徐广："钩逆者谓之橛。"《索隐》："周迁《舆服志》云：'钩逆者谓之橛，橛在衔中，以铁为之，大如鸡子。'（它书记载，都说大如蛋黄）"这一意义的橛，实为亅字。《说文》："亅，钩逆者谓之亅，象形……读若橜。"钩逆者的橛又可以写作距，橛距音义并通。《礼记·明堂位》："俎，夏后氏以崴。"崴是橛的借字。郑玄注："谓中足为横距之象。"孔颖达

疏："今俎足间有横似有横櫪(櫪)之象，故知足中央为横距之象，言鸡有距，以距外物，今两足有横而相距也。"是横櫪即横距，櫪、距通用。《说文》"距，鸡爪也"。《汉书·五行志》"不鸣不将无距"，颜师古注："距，鸡附足骨，斗时所用刺之。"今东北地区口语叫做"脚蹬"。毛晃《增韵》"凡刀锋倒刺皆曰距"。所以马櫪即马距，又称镝衔(见下注)，即带有倒刺的马嚼子。《盐铁论·刑德篇》"犹无衔櫪而禦(御)捍(骅)马也"，近世华北地区仍有用带倒刺的嚼子作为制服骅马的一种手段。倒刺嚼子的形制古今或有不同，但其有效地制服骅马的作用则一。马戴上这种嚼子，舌和嘴角刺勒的皮破血流，所以本文称之曰"前有櫪饰之患"。饰，指马镳(马嚼子两头露出口外的部分)上所系的銮铃一类的装饰品。《诗·卫风·硕人》"朱幩镳镳"，《释文》"镳，马衔外铁也"，《说文》段玉裁注："镳，马衔，横贯口中，其两端外出者，系以銮铃。"

⑯ 筴：同策，打马用的竹杖(后世或以木制)，一端装有铁刺，用以刺马。《淮南子·道应训》："罢朝而立，倒杖策，錣上贯颐。"高诱注："策马捶端有针以刺马谓之錣，倒杖策，故錣贯颐也。"《氾论训》"是犹无镝衔(櫐)策錣而御骅马也"(王念孙校衔下櫐字是衍文，甚是。镝衔即櫐，不当重复。盖后人加旁注以櫐释镝衔而误入正文者)，近世仍有木棒按上铁刺作为打辕马用的策，但不及古代的策长。

⑰ 埴：黏土，可以制陶器。

⑱ 钩：木工用的曲尺。

吾意善治天下者不然。彼民有常性，织而衣，耕而食，是谓同德①；一而不党②，命曰天放③。故至德之世④，其行填填⑤，其视颠颠⑥。当是时也，山无蹊隧⑦，泽无舟梁⑧，万物群生，连属其乡^⑨，禽兽成群，草木遂长^⑩。是故禽兽可系羁而游^⑪，鸟鹊之巢可攀援而窥。夫至德之世，同与禽兽居，族与万物并^⑫，恶乎知君子小人哉？同乎无知^⑬，其德不离^⑭；同乎无欲，是谓素朴^⑮；素朴而民性得矣。及至圣人，蹩躠为仁^⑯，踶跂为义^⑰，而天下始疑矣。澶漫为乐^⑱，摘僻为礼^⑲，而天下始分矣^⑳。故纯朴不残^㉑，孰为牺尊^㉒？白玉不毁，孰为珪璋^㉓？道德不废，安取仁义^㉔？情性不离^㉕，安用礼乐？五色不乱^㉖，孰为文采？五声不乱，孰应六律^㉗？夫残朴以为器，工匠之罪也；毁道德以为仁义，圣人之过也。

注释：

① 同德：共同的天生的性能。

② 一而不党：浑然一体，而不偏私。党，偏。

③ 命：名。天放：天然放任。林希逸《庄子口义》说："命曰犹言谓之也。《齐物论》之天行、天钧、天游与此天放皆是庄子做此名字以形容自然之乐。"

④ 至德之世：言上古。

⑤ 其行填填：填，蹎的假借字。本句的意思是走起路来腿抬得高，而且两脚落地迟重。《说文》："蹎，跋也。"《诗·鄘风·载驰》"大夫跋涉"，《毛传》："草行曰跋。"草中行走抬腿必高，跋即走路拔腿高的意思。《释文》："填，崔云：'重迟也。'"即两脚落地慢而且重，这是形况傻子走路的步态。《淮南子·览冥训》"其行蹎蹎，其视瞑瞑，侗然皆得其和"，文意与本篇同，字正作蹎。

⑥ 其视颠颠：颠，瞋的假借字。本句的意思是直瞪着两眼看东西。《说文》："瞋，张目也。"《庄子口义》："直视之貌，形容其

人朴拙无心之意。"走起路来踕踕的，两只眼睛直瞪着，如今傻子走路的姿态和表情便是这个样子，《庄子》书中常用傻子的模样来表现上古人的愚朴憨直的神态。《释文》引崔云"颠，专一"，则是望文生训。成玄英疏"高直之貌"，所言的形象有些近似，但仍是就"颠"字为训，不完全切合文意。

⑦ 蹊：小路。隧：山间小道。

⑧ 梁：桥梁。

⑨ 连属其乡：居住的地方连接在一起。《章句音义》："既无国异家殊，故其乡连属。"王夫之《庄子通》："自相聚于林薮。"

⑩ 草木遂长：草木茂盛地生长。闻一多先生《庄子章句》说："遂借为邃。"邃，茂盛。

⑪ 禽兽可系羁而游：禽兽可以牵着游玩。

⑫ 族：聚。并：同。

⑬ 同：闻一多先生《庄子章句》说："同借为侗。"下句"同"字同此。《山木篇》"侗然其无识"，《庚桑楚篇》"侗然而来"，用的都是本字。上注⑤引的《淮南子·览冥训》"侗然皆得其和"，同此。《庄子义证》谓同借为蠢，义虽可通，而字则非是，盖马氏未察侗是本书的常用词之故。

⑭ 其德不离：天生的德性浑全无缺。离，分。《庄子口义》："不离，浑全也。"浑全即不分的意思。《刻意篇》说"德全而神不亏"，《天地篇》说"执道者德全"，意义都相同。上古的人，无知无识，"居无思，行无虑"（《天地》），"望之似木鸡"（《达生》），没有受外界丝毫的影响和感染，便是德全。德全一词在《庄子》中屡见，向无歧义。《庄子义证》以离为"醨"的借字，以"薄酒"和德相比，迂曲而不合《庄》旨。

⑮ 素朴：纯真质朴如木未斲。

⑯ 蹩躠：原来是拐腿跛脚行走的姿态，这里用来比况勉强力

行的样子。蹩躠，联绵词，又可写作蹴蹯、蹩躃、敝撤（见《晏子春秋·谏上》五），都和蹩躠形异义同。《广韵》"蹩躃，旋行貌，一曰跛也"，又音变为蹁跹、盘姗、蹒跚。《广雅·释训》："蹁跹，盘姗也。"《疏证》："蹁跹、盘姗，皆行不正之貌。《说文》'蹁，足不正也'，《广韵》'蹒跚，跛行貌'，蹒跚与盘姗同。"《文选》张衡《南都赋》描写舞姿则说"蹴蹯蹁跹"。司马相如《上林赋》"便姗嫳屑"，张铣注"皆舞之容状"。便姗即蹁跹，嫳屑即蹴蹯。《汉书·司马相如传》"嫳姗勃窣上金堤"，王先谦《补注》："沈钦韩曰'《史记·平原君传》槃散行汲'，《集解》'散亦作跚'，《楚辞》'嫫母勃屑而日侍'注'勃屑犹嫳姗，膝行貌'，《世说》'张凭勃窣于理窟'，则勃窣亦蹩躠之状也。"先谦曰："沈说是，《文选》勃作教，教勃同字。"本书《大宗师篇》"跰躚而鉴于井"，司马彪注："病不能行，故跰躚也。"成玄英疏："跰躚，曳疾貌，言曳疾力行照于井。"《庄子解》说："不能行而强行。"跰躚、蹩躠同。盖蹩躠原为胫足有病而跛行的姿态。《史记·平原君传》："民家有躄者，槃散行汲。"《礼记·王制》"瘖聋跛躄"，躄即躃，《释文》："躃，两足不能行也。"两足有病，所以"跛行"，因而"足不正"。足不正而跛行，走起路来，上身和头左右摇摆，状似打旋，故曰"旋行"。这样走路是很吃力的，所以可释为"曳疾力行"。行时步小，故又曰"小行"。舞蹈时多张开两脚屈膝而跳，和跛行有相似之处，故又曰"舞之容状"。本篇则以拐腿跛脚小步用力而急行的姿态，来形象地比况勉力为仁的样子，言语之中是含有丑化的意思的。

⑰ 踶跂：联绵词。脚尖点地，站立不安，用来表示急忙和企求的神态。《释文》引《通俗文》："小踊谓之踶。"跂同企，举起脚跟。《庄子口义》："踶跂，行立不安之貌。"《庄子南华经解》："起足用力貌。"《庄子通》："踶，驻足用力也。跂音企，举足望也，不可及而企及。"三书的解释已触及踶跂的意义，但都不够完全具

体。脚尖点地，站立不稳，自然小踏不停，这正显现出一个踶踶不安，企求而且用力的样子，言语之间是含有贬义的。

⑱ 澶漫：联绵词，原义是大水弥漫的样子，这里的意义是纵逸过度。吕忱《字林》："淡漫，水广貌。"《文选》木华《海赋》："渺弥淡漫，波如连山。"李善注："淡漫，（海水）旷远之貌。"淡漫即澶漫。它的词根是延曼、衍曼。延、衍同音，延、澶声近韵同。《史记·司马相如传·上林赋》："延曼太原。"《大人赋》："衍曼流烂。"延曼、衍曼皆引长而且连接不断的意思。澶漫则是水的连接不断，即"波如连山"的形况字。《文选》张衡《西京赋》："据渭踞泾，澶漫靡迤。"刘良注："澶漫靡迤，宽长貌。"这是指渭泾二水的宽长。《南都赋》："其竹……缘延坻坂，澶漫陆离。"澶漫是指山坡上竹林的犹如绿海般的波浪。由大水弥漫引申为纵逸过度，犹如久雨为淫引申为淫逸过度一样，这种意义的引申是基于同一的心理。《释文》："李云：'澶漫，犹纵逸也。'崔云：'但曼，淫衍也。'"都是取的引申义。《后汉书·仲长统传》："入则耽于妇人，出则驰于田猎……澶漫弥流，无所底极。"《抱朴子外篇·诘鲍》："澶漫于淫荒之域。"文中的澶漫和本篇的意义都是相同的。

⑲ 摘僻：屈折手足。下文的"屈折礼乐，以匡天下之形"，成玄英疏："屈曲折旋，行礼乐以正形体。"《人间世篇》："擎跽曲拳，人臣之礼也。"成玄英疏："擎手跽足，磬折曲躬，俯仰拜伏者，人臣之礼也。"摘读为肢，肢、摘声通而韵是支锡对转。僻借为擗。《楚辞·九歌·湘夫人》"擗蕙櫋兮既张"，王逸注："擗，析也。"《说文通训定声》析作折。《说文》"析，破木也，一曰折也"，是析折义同。摘僻即肢折。《广雅·释诂》："折，曲也。""屈折为礼"是就行礼时的姿态言的。本文前后两句字异义同，盖系换文以避复。成玄英疏"摘僻是曲拳之行"，《章句音义》"僻，成云折节貌"（今本《庄子》无），也都以摘僻为行礼时的动作姿态。

⑳ 天下始分：天下的人德性开始不纯一。《庄子口义》："始分者，言其心迹始分矣，分则不纯一矣。"

㉑ 纯朴不残：全木未经雕斫。《仪礼·少牢馈食礼》《乡射礼》郑玄注并云："纯，全也。"《说文》："朴，木素也。"《论衡·量知篇》："无刀斧之斫（原为断，从中华书局《论衡注释》改）者谓之朴。"《庄子》的思想，凡物以本来的形态（自然生长的形态）为好，本来的形态才是纯真的，完全的，如全德、全木等，施加人工则为残，为毁。

㉒ 牺尊：祭祀用的酒器，刻作牛形，牛背上凿穴为樽，用以盛酒。成玄英疏："牺尊，酒器。刻为牛首，以祭宗庙也。"《天地篇》："百年之木，破为牺尊。"成玄英疏："牺，刻作牺牛之形，以为祭器，名为牺尊也。"《南史·刘杳传》："杳尝于约坐语及宗庙牺尊。……杳曰：'魏时鲁郡地中得齐大夫子尾送女器，有牺尊作牺牛形。'"按之《南史》的记载，成疏当以《天地篇》所说为正。

㉓ 珪：同圭，玉器，上尖下方。古代天子和诸侯行礼仪或遣使聘问时所执的玉器。璋：形状像半个珪的玉器。

㉔ 这两句话本于《老子》十八章的"大道废，有仁义"。

㉕ 情性：原作性情，从《庄子义证》校乙。

㉖ 五色：青黄赤白黑。

㉗ 六律：古代用竹管制成的校正乐律的器具，共有十二个，分为"六律"、"六吕"，统称"十二律"。各管的粗细相等而长短不同，以管的长短来确定音的不同高度。从低音管算起，成奇数的六个管叫做"六律"，旧亦称"阳律"。成偶数的六个管叫做"阴律"，旧亦称"六吕"。六律的名称是黄钟、太簇、姑洗、蕤宾、夷则、无射。

夫马，（陆）居则食草饮水①，喜则交颈相靡②，怒则分背相踶③，马知已此矣④。夫加之以衡扼⑤，齐之以月题⑥，而马知介倪⑦，闉扼⑧，鸷曼⑨，诡衔⑩，窃辔⑪。故马之知而（态）至盗者⑫，伯乐之罪也，夫赫胥氏之时⑬，民居不知所为，行不知所之，含哺而熙⑭，鼓腹而游，民能以此矣⑮。及至圣人，屈折礼乐以匡天下之形⑯，县跂仁义以慰天下之心⑰，而民乃始踶跂好知⑱，争归于利，不可止也。此亦圣人之过也。

注释：

① 居上陆字是衍文，从《庄子义证》删。"居则"、"喜则"、"怒则"句法相同。陆字在此是赘文，当删。

② 交颈相靡：两匹马对面站着，两颈相交，互相摩擦。靡，假借为摩。

③ 踶：今写作踢。两匹马转过身去，后腿尥（liào）起蹶子相踢。

④ 知：读为智。已：止。

⑤ 衡：辕端横木。扼：借为轭，缚在衡下的半月形的曲木——驾在马脖子上的器具，作用如现今的"马夹板"。

⑥ 月题：遮盖马前额的镜子或皮子，形如圆月，这是一种装饰品，并可有保护马的脑门的作用。题，额。《庄子口义》："月题，今所谓额镜也。"《经解》："马额前当颅如月，故曰月题。"《庄子义证》以月题是軏軏的假借。月题、軏軏声韵固然可通，但先秦两汉古籍多以軏軏相次，没有书写为軏軏的。《论语·为政》"大车无輗，小车无軏"，輗是大车（牛车）辕端与横木接连的关键，軏是小车（马车）辕端与横木接连的关键。扬雄《太玄经》"拔我軏軏，贵以伸也"，即用《论语》。清人考释车制有戴震的《考工

记图》，阮元的《考工记车制图解》，凌焕的《古今车制图考》亦皆以辁轵为序。《义证》以月题为轵辁，一者与词序不合，二者月题实有其物，且下句"倪"字随即出现，在这种情况下，不会用假借字的。

⑦ 介倪：介借为扴，倪借为辊，摩撞车辊。《易·豫卦》"介于石"，《释文》"郑云'磨硪也'。马作扴，云'触小石声'"。《说文通训定声》扴下附有揩字，说揩是扴的异体字。揩扴音义并同，朱说是。《广雅·释诂》三"揩，磨也"。《集韵》揩，揩排，强突也。《文选》张衡《西京赋》"揩枳落，突棘藩"，李善注："揩，摩也。"揩与突对文，擦突而过是摩中亦有突的意思。《礼记·明堂位》"拊搏、玉磬、揩击"，郑玄注："揩击谓柷敔也。"《集韵》鞈，鼓名。《新唐书·南蛮·骠传》"龟兹部有羯鼓、揩鼓、腰鼓、鸡娄鼓"。叶廷珪《海录碎事·音乐·乐器》"荅臘鼓制广如羯鼓而短，以指揩之，其声甚震，俗谓之揩鼓"。揩鼓即《集韵》的鞈。揩鼓盖如现今维吾尔族的手鼓，奏时是用手摩而且击的，柷敔木制方形，一名揩击，弹奏的方法盖与揩鼓相同。所以揩即摩而且击的意思。韩愈和孟郊《征蜀联句》"室晏丝晓扴"，注"机杼揩扴声"，揩扴意义相同，应单言揩声或扴声。织布时机杼摩经碰纬，揩正是摩而且碰的意思。马驾在衡扼之下，击而且撞，甚至使车辊损折，这是马的盗智之一。

⑧ 圉扼：轭驾在马脖子上时马就卧倒。今日的劣马也有此恶习，俗叫"卧辕"。圉，硾的借字。扼，轭的借字。《说文》："硾，卧也。"《德充符篇》："圉跂支离无脤。"《释文》："崔云：'圉跂，偃者也。'"《说文通训定声》："圉实偃的借字。"《说文》："偃，仆也。"偃硾音义并通。圉扼，《定声》鶨字注正读作硾轭。硾轭即轭驾在马颈上时马即仆卧在地。这也是劣马的一种盗智。

⑨ 鸷曼：抵幔。闻一多先生《庄子章句》解鸷为抵，曼是幔的

借字，衣车盖。孙诒让《札迻》："曼即巾车之襥，车覆筹也。"襥幔声通义近，都是覆车的衣盖，而筹系竹制，覆在车前，战车上覆筹还可以御箭。抵幔即抵筹，盖劣马不前进而后坐抵触车筹。

⑩ 诡衔：吐出嚼子。陈寿昌《南华真经正义》："诡衔，吐避其衔。"

⑪ 窃辔：偷啮辔头。《南华正义》："窃辔者，偷啮其辔。"

⑫ 故马之知而（态）至盗者：知读为智。闻一多先生《庄子章句》说："而下悆态字，今删。"《庄子义证》以态是能之误。能在句中也是赘文，以删去为宜，盖态与而音近而误衍入者。

⑬ 赫胥氏：传说中的古帝王，即华胥氏。俞樾《诸子平议》说："赫胥氏疑即《列子》书所称华胥氏，华与赫一声之转耳。《广雅·释器》'赫，赤也'，而古名赤者多字华，羊舌赤字伯华，公西赤字子华。赤谓之赫，亦谓之华，可证赫胥之即华胥矣。"

⑭ 哺：口中所含的食物。熙：同嬉，游戏。《初学记》九引正作嬉。

⑮ 以：已，止。上文"马知已此矣"与此句法同。

⑯ 屈折礼乐以匡天下之形：周旋屈折的行礼来匡正天下人的形体。

⑰ 县跂：犹似现代话的"标榜"。《南华正义》："县跂，如县物相示，使人跂足以视也。"

⑱ 知：读为智。

（《东北师大学报》1982 年第 2 期）

《庄子·秋水篇》校注辨正

秋水时至，百川灌河。泾流之大①，两涘渚崖之间，不辩牛马。于是焉河伯欣然自喜，以天下之美为尽在己。顺流而东行，至于北海；东面而视，不见水端。于是焉河伯始旋其面目，望洋向若而叹②，曰："野语有之（曰）③：'闻道百，以为莫己若'者，我之谓也。且夫我尝闻少仲尼之闻而轻伯夷之义者，始吾弗信，今我睹子之难穷也，吾非至于子之门则殆矣。吾长见笑于大方之家。"

北海若曰："井䲡〔鱼〕不可以语于海者④，拘于虚也；夏虫不可以语于冰者，笃于时也；曲士不可以语于道者，束于教也。今尔出于崖涘，观于大海，乃知尔丑，尔将可与语大理矣。天下之水，莫大于海：万川归之，不知何时止而不盈；尾闾泄之，不知何时已而不虚；春秋不变，水旱不知；此其过江河之流，不可为量数。而吾未尝以此自多者，自以比形于天地⑤，而受气于阴阳，吾在天地之间，犹小石小木之在大山也。方存乎见少，又奚以自多？计四海之在天地之间也，不似礨空之在大泽乎⑥？计中国之在海内〔也〕⑦，不似稊米之在太仓乎？号物之数谓之万，人处一焉⑧。人卒九州⑨，谷食之所生，舟车之所通，（人处一焉）此其比于万物也，不似豪末之在马体乎？五帝之所连，三王之所争，仁人之所忧，任士之所劳，尽此矣。伯夷辞之以为名，仲尼语之以为博。此其自多也，不似尔向之自多于水乎？

河伯曰："然则吾大天地而小豪末，可乎？"

北海若曰："否。夫物，量无穷，时无止，分无常，终始无故。是故大知观于远近⑩，故小而不寡，大而不多，知〔物〕量〔之〕无穷〔也〕⑪。证〔于〕曏今（故）⑫，故遥而不闷，掇而不跂，知时〔之〕无止〔也〕⑬。察乎盈虚，故得而不喜，失而不忧，知分之无常也。明乎坦涂，故生而不说，死而不祸⑭，知终始之（不可）〔无〕故也⑮。计人之所知，不若其所不知；其生之时，不若未生之时。以其至小，求穷其至大之域，是故迷乱而不能自得也。由此观之，又何以知豪末之足以定至细之倪？又何以知天地之足以穷至大之域？"

河伯曰："世之议者皆曰：'至精无形，至大不可围。'是信情乎？"

北海若曰："夫自细视大者不尽，自大视细者不明⑯。夫精，小之微也；垺⑰，大之殷也。故异便〔耳〕⑱。此势之有也。夫精粗者，期于有形者也。无形者，数之所不能分也；不可围者，数之所不能穷也。可以言论者，物之粗〔者〕也⑲；可以意致者，物之精〔者〕也。言之所不能论，意之所不能（察）致者⑳，不期精粗焉。是故大人之行，不出乎害人〔之涂也〕㉑，不多仁恩；动不为利，不贱门隶；货财弗争，不多辞让；事焉不借人，不多食乎力；〔 〕〔 〕〔 〕

〔　〕㉒，不贱贪污；行殊乎俗，不多辟异；为在从众，不贱
佞谄；世之爵禄不足以为劝，戮耻不足以为辱；知是非之
不可为分，细大之不可为倪。闻曰：'道人不闻㉓，至德不
得，大人无己。'约分之至也㉔。"

河伯曰："若物之外，若物之内，恶至而倪贵贱？恶至
而倪小大？"

北海若曰："以道观之，物无贵贱。以物观之，自贵而
相贱。以俗观之，贵贱不在己。以差观之，因其所大而大
之，则万物莫不大；因其所小而小之，则万物莫不小。知
天地之为稊米也，知豪末之为丘山也，则差数等矣。以功
观之，因其所有而有之，则万物莫不有；因其所无而无之，
则万物莫不无。知东西之相反，而不可以相无，则功分定
矣。以趣观之，因其所然而然之，则万物莫不然；因其所
非而非之，则万物莫不非。知尧、桀之自然而相非，则趣
（操）〔舍〕睹矣㉕。昔者尧、舜让而帝，之、哙让而绝；汤、
武争而王，白公争而灭。由此观之，争让之礼，尧、桀之
行，贵贱有时，未可以为常也。梁丽可以冲城，而不可以
窒穴，言殊器也。骐骥骅骝一日而驰千里，捕鼠不如狸狌，
言殊技也。鸱鸺夜撮蚤，察豪末，昼出瞋目而不见丘山，
言殊性也。故曰：'盖师是而无非，师治而无乱乎？'是未明
天地之理，万物之情者也。是犹师天而无地，师阴而无阳，
其不可行明矣。然且语而不舍，非愚则诬也。〔五〕帝（王）
殊禅㉖，三代殊继。差其时，逆其俗者，谓之篡夫；当其
时，顺其俗者，谓之义徒。默默乎河伯！女恶知贵贱之
门㉗，大小之家！"

河伯曰："然则我何为乎？何不为乎？吾辞受趣舍，吾终奈何？"

北海若曰："以道观之，何贵何贱，是谓反衍㉘；无拘尔志，与道大蹇。何少何多，是谓谢施㉔；无一而行，与道参差。严〔严〕乎若国之有君㉚，其无私德；繇繇乎若祭之有社，其无私福；泛泛乎其若四方之无穷，其无所畛域；兼怀万物，其孰承翼？是谓无方。万物一齐，孰短孰长？道无终始，物有死生，不恃其成。一虚一盈，不位乎其形㉛。年不可举㉜，时不可止，消息盈虚，终则有始。是所以语大义之方，论万物之理也。物之生也，若骤若驰，无动而不变，无时而不移。何为乎，何不为乎！夫固将自化。"

河伯曰："然则何贵于道邪？"

北海若曰："知道者必达于理，达于理者必明于权。明于权者，不以物害己。至德者火弗能热，水弗能溺，寒暑弗能害，禽兽弗能贼。非谓其薄之也，言察乎安危，宁于祸福，谨于去就，莫之能害也。故曰：'天在内，人在外，德在乎天。'知天人之行㉝，本乎天，位乎得㉞，蹢躅而屈伸，反要而语极。"

曰："何谓天？何谓人？"

北海若曰："牛马四足，是谓天；落马首，穿牛鼻，是谓人。故曰：'无以人灭天，无以故灭命，无以得殉名。'谨守而勿失，是为反其真。"

注释：

① 泾：经的假借字。经流，干流，主流。陆德明《经典释

文》:"泾,崔本作经。"马叙伦《庄子义证》:"《水经注》一引泾作经。"闻一多师手写《庄子批语》:"《管子·度地篇》:'水之出于山而流入于海者,命曰经水。别(原作引,从《管子校释》改)于他水,入于大水及海者,命曰枝水。'泾流即经水也。"经和枝相对举,黄河是经流,百川是枝流,知经流即干流、主流。

② 望洋:联绵词,迷惘地直视着的样子。望,《释文》作盳。望、盳音同。洋又可写作阳、佯、羊。一多师《庄子内篇校释》"迷阳迷阳"条说:"《论衡·骨相篇》曰'武王望阳',《朝野金载》曰'长孺子视望阳,目为呷醋汉',此谓近视者。然近视与细视,其貌皆颦眉敛睫,迫近审谛。本谓近视,亦可施于细视。"盖望阳即近视眼视物的形状,古代不明目力近视的生理关系,只从外形观察,近视眼看物像远视又像直视,皱眉敛睫又像细视。如《孔子家语》"旷如望羊",王肃注:"望羊,远视也。"《晏子春秋·内篇谏上》:"晏子朝,杜扃望羊待于朝。"望羊即目光呆直的样子。远视直视时有时表现出如同迷惘呆痴的样子,所以罗勉道《庄子循本》说:"望洋,目迷茫之貌。"如孙樵《骂僮志》"茫洋若痴人之冥行"是。自《释名·释姿容》释"望洋"说:"羊,阳也,言阳气在上,举头高,似若望之然也。"历来注家多根据《释名》把望洋解作仰视。《释名》解释词义,多同音为训,不尽切合。以望洋为仰视,在具体文句中,意义每相乖牾,不足为据。

③ 曰字当删。一多师《批语》:"《山谷外集》二《奉答子高见赠十韵》注引无下曰字。"

④ 鼃同蛙。蛙当改为鱼(据《释文》和王念孙《读书杂志余编》)。

⑤ 比形于天地:由天地托予我形体。比,借为庇,寄托,托予。于,介词。一多师《批语》:"比读为庇。""比形于天地"和《知北游》"是天地之委形也"意义相同。宣颖《南华真经解》注"是天地

之委形"说："造化流而不息，偶然委寄，便成一物，未几又复归还，如委任者暂以相假，终非我有也。"

⑥ 礨空：石间的小孔。礨同磊。《说文》："磊，众石也。"《释文》："空音孔。"大泽水底或有积石，礨空，即石间的小孔。陈寿昌《南华真经正义》说："礨空，礨石之小穴也。"《释文》："礨空，小穴；一云蚁冢也。"蚁冢即蚁穴；冢是就穴口有封土说的。水草交错的地方叫泽，泽中必有水。蚂蚁营穴都在地势较高的地方，未见泽中有蚁穴的。上文"小石小木之在大山"，下文"稊米之在太仓"，知礨空必在大泽，是礨空决非蚁穴。

⑦ 内下当补也字（据王叔岷《庄子校释》）。

⑧ "此其比于万物也，不似豪末之在马体乎"当移至此句"人处一焉"下面，删去下一句"人处一焉"（据《义证》）。

⑨ 卒：萃的假借字，聚。

⑩ 观于远近：观察了远处和近处。这一句是就空间说的，下句"证曏今故"是就时间说的，前后时空互相对应。郭象注说"知远近大小之物各有量"，高秋月《庄子释意》说"观远察近"，解释的都是正确的。但自成玄英误解为"视于远理，察于近事"，王先谦《庄子集解》推衍为"不尚一隅之见"，直至今人竟说是"看到事物的全面，不拘于片面，不限于一隅"（见高等教育出版社《先秦文学史参考资料》）等等，这是对唯心主义的庄周学派思想的谬解和美饰。

⑪ 许维遹先生《庄子批语》："知量无穷当作'知物量之无穷也'。今脱'物、之、也'三字，既与上文不相应，又与下文'知分之无常也'，'知终始之不可故也'句法不一律矣。郭注'揽而观之，知远近大小之物各有量'；成疏'知于物之器量'，是郭、成所见本，量上有物字。"

⑫ 证曏今故：当作"证于曏今"。一多师《批语》："证下似脱于

字。故字涉下文衍。证于曩今，与上文观于远近，下文察乎盈虚，明乎坦涂，句法一律。曩今犹古今也。"武延绪《读庄札记》曾说："证曩今故当作证乎曩今。"乎同于，但这里以于较好。

⑬ 许维遹先生《庄子批语》："知时无止当作知时之无止也。"

⑭ 祸：意动词，认为是祸事。

⑮ 不可：当作"无"（据刘文典《庄子补正》）。

⑯ "夫自细视大者不尽，自大视细者不明"二句当移至"大之殷也"后面。"夫精，小之微也，垺，大之殷也"当紧接北海若曰。河伯所提的"至精无形，至大不可围"这一论题，是北海若实际即《秋水》作者难以解答的问题，承认了这一论题，作者的不可知论、相对主义就要垮台。所以他避开正面去解答，绕着弯子一步一步地去申述他的论点，同时反驳了河伯提出的论题。第一步，偷换论题，提出"精，小之微也；垺，大之殷也"，避开"无形"和"不可围"。第二步，拐到"自细视大者不尽，自大视细者不明"，只就人们对于物体的主观认识的限制立论，为通向不可知论开了门。第三步，承接上两步的论点，把精粗限制在有形，然后把无形和不可围引到不能分和不能穷，即把对物体的变量认识（至精无形，至大不可围）引到形而上学的理解。最后终于滑进"言不能论"、"意不能致"的不可知论。三个步骤用三个发语词"夫"起头，语言层次，思想脉络，至为分明。

⑰ 垺：同郭，大。一多师《批语》："《公羊传》文公十五年：'郭者何？恢郭也。'《说文》：'恢，大也。'《白虎通》：'郭之言廓也，大也。'"

⑱ "便"下当补耳字（据陈碧虚《庄子阙误》引张君房本），终结判定的语气才完足。

⑲ "物之粗"和下文"物之精"下当各补者字（据《义证》），语意才完全。

⑳ 察字当删（据《义证》）。

㉑ "害人"下当补"之涂也"三字（据《阙误》引张君房本），句法、意义才完全。

㉒ "不贱贪污"上有夺句（据《义证》）。对照上下文的句例，这里是缺了一句。

㉓ 道人、至德、大人和本书所说的真人或至人异名同实。道人即禀受了虚无的道，即绝对的主观精神的人。至德和道人同类。《天地篇》"物得以生谓之德"，至德即得道以生，并保存了这种最高的虚无精神的人。这种人不过是主观唯心主义者头脑里的产物，实际是不存在的。他是绝对精神的化身，在精神幻觉中消除了形骸（肉体）的我，而"独与天地精神往来"（《天下篇》），达到了与天地合一，和万物一体的境界。在这种幻想的境界里，他"独往独来"（《在宥》），消除了任何相对待的关系，即超脱了一切矛盾，同生死，齐是非。他不要名声，也没有名声，即所谓"道人不闻"（《逍遥游》"圣人无名"同），因为有名就有毁，就有了现实界的矛盾关系。他"不见有得"（《经解》注"至德不得"语），有得，必定有失。他是"无得无丧"（林希逸《庄子口义》注"至德不得"语）。所谓大人，即与天地合一的人，也就是无闻无得的人（《徐无鬼》："生无爵，死无谥，实不聚，名不立，此之谓大人。"又说"夫大备矣莫若天地……知大备者，无求，无失，无弃"等等）。无己即上文所说的在精神幻觉中消除了形骸的我，完全忘却了自己。这样，现实的物我、死生、贵贱、祸福、得失、是非等一切对立关系在他的精神世界里都消除了，他便可以过着像缩在蜗牛壳里的无知无觉的、"静一而不变"的混沌日子。

㉔ 约分之至：缩小分别到了极点，意即在精神上消除一切对立矛盾关系。约，约束，缩小。分，分别，分开。分是承上文"数之所能分"和"是非之不可为分"的"分"来的，三个分字意义相

同。道人是无物我，无毁誉，无得失，无是非的人物，也即所谓"德全"的人物(《天地》"执道者德全")，而且他是"一而不变"的。他既然与道同体，是"全"，是"一"，便是不可分。如果有了物我等等对立关系，便是可分。约分之至，即缩小分别到了极点，至于不可分的境地。焦竑《庄子翼》引吕注说："人能约分之至，至于无所分。"《庄子释意》说："无是非细大之分，而约之以至于极也。"解释的都是正确的。但自成玄英疏以来，多释约为"依"或"收敛"，读分为 fēn，释为"性分"或"分量"，还有把约释为"提高"的(见前引《参考资料》)，都属望文生训，不明庄文论旨。

㉕ 操是舍的误字。趣舍本书常用词(据《补正》)。

㉖ 帝王当作五帝。五帝和下句三王对文(据《义证》，《读庄札记》同)。

㉗ 门、家同义，出生的地方，产生的根源。《荀子·赋篇》："莫知其门。"杨倞注："门，谓所出者也。"褚伯秀《南华真经义海纂微》说："又恶知贵贱大小之所从出哉?"作者在这里着重发挥他的等贵贱、无小大、万物齐一的思想。他认为现实社会的贵贱、小大不过是流动不居的假象，从作为万物本源的"道"来说是无所谓贵贱、大小的差别的。这是从相对主义出发，把现实社会的问题予以形而上学的歪曲，用以掩盖现实社会的阶级内容，作为进行阶级斗争的手段。而应对之间，对现实的贵贱之门和大小之家的社会现象，却充满了浓重的愤恨之情。

㉘ 反衍：反复流动。《释文》说："本亦作畔衍。"又可写作叛衍。左思《蜀都赋》"叛衍相倾"，反、畔、叛声近韵同。反是本字，畔、叛是假借字。《说文》："反，覆也。""衍，水朝宗于海也。"这里的意义是流动。反衍，反复流动。贵贱反衍正如成玄英疏所说的"贵者反贱，而贱者反贵"，像走马灯一般，循环往复，变动不停。贵贱互相转化，既无相对的静止，又无质的差别性。《田子

方》"始终相反乎无端"，和贵贱反衍的意义相同。自《释文》引李云"反衍犹漫衍"，历代注家多把反衍误为漫衍。漫衍的语根是曼延。曼延伸长可以至于无穷，所以《齐物论》"因之以漫衍"，《释文》引司马云："漫衍，无极也。"反衍、漫衍两个词的意义不同，不得互训。《庄子翼》引陈碧虚说："贵贱无主，而反复流行，常也。"对反衍的解释还是正确的。

㉙ 谢施：互相代谢（向前）奔驰。施借为驰。《淮南子·俶真训》："二者代谢舛驰。"高诱注："代，更也。谢，叙也。舛，互也。"《淮南子》又说："移易于前后，若周圆而趋。"是说二者代谢变易，循环往复，奔驰不停。正可作"何少何多，是谓谢施"的解释。所以多少谢施和贵贱反衍的思想是相同的。历代注家或就施的本字为训，或说谢施是"委蛇"的转语，肆意引申，乖离庄文原意。王夫之《庄子解》说："多少者，代谢而互驰者也。"解释的还是正确的，而近代注者也不知辨别采用。

㉚ 严乎当作严严乎。和下文繇繇乎、泛泛乎相偶（据奚侗《庄子补注》）。

㉛ 位：居，固定。一多师《批语》："位，居也。"乎同于。位于，固定在……。

㉜ 年：和下文的时相对，意义相同都指时间说的。不可举：取不来。举，取。时不可止，时间留不住（俱见《庄子释意》）。《庄子解》也说："年不可举，不可先举而预图之。时不可止，不可已去而留之。"和《庄子释意》的解释相同。历代注者多昧于举的意义，有的误认"兴"是"攀"的错字，释为"攀留"；有误以为"举"是"舆"、是"距"的假借字，释为"待"、为"止"，因而把"年不可举"误为过去，"时不可止"误为未来，时间完全弄颠倒了。

㉝ 天人：得道的人，与天地合一的人。《天下篇》"不离于宗谓之天人"，宗即道，天人即不离道的人。《校释》说"天人当作夫

人"，依下文"本乎天……反要而语极"等语，仍当作"天人"。《校释》改天人为夫人是错误的。

㉞ 得当作德（据《义证》）。《义海纂微》说："体天居德。"是以得当为德。天人本无得失，绝不能居守于得。《庄子释意》已改得为德，并说："本乎天以定位乎德。"

夔怜蚿，蚿怜蛇，蛇怜风，风怜目，目怜心。

夔谓蚿曰："吾以一足趻踔而行，予无如矣。今子之使（万）〔众〕足①，独奈何？"

蚿曰："不然。子不见乎唾者乎？喷则大者如珠，小者如雾，杂而下者不可胜数也。今予动吾天机，而不知其所以然。"

蚿谓蛇曰："吾以众足行，而不及子之无足，何也？"

蛇曰："夫天机之所动，何可易邪？吾安用足哉！"

蛇谓风曰："予动吾脊胁而行，则（有似）〔似有〕也②。今子蓬蓬然起于北海，蓬蓬然入于南海，而似无有，何也？"

风曰："然。予蓬蓬然起于北海而入于南海也，然而指我则胜我，鰌我亦胜我。虽然，夫折大木，蜚大屋者，唯我能也。故以众小不胜为大胜也。为大胜者，唯圣人能之。"

注释：

① 万：当为"众"，与下文"众足"一律（据《庄子校释》）。

② 有似：当为"似有"，与下文"似无有"相对（据《义证》）。

孔子游于匡，宋人围之数帀，而弦歌不惙。子路入见，曰："何夫子之娱也？"

孔子曰："〔由〕①，来！吾语女！我讳穷久矣，而不免，命也；求通久矣，而不得，时也。当尧、舜〔之时〕而天下无穷人②，非知得也；当桀、纣〔之时〕而天下无通人，非知失也，时势适然。夫水行不避蛟龙者，渔父之勇也。陆行不避兕虎者，猎夫之勇也。白刃交于前，视死若生者，烈士之勇也。知穷之有命，知通之有时，临大难而不惧者，圣人之勇也。由处矣！吾命有所制矣。"

无几何，将甲者进，辞曰："以为阳虎也，故围之；今非也，请辞而退。"

注释：

① 来上当补"由"字（据《补正》）。

② 尧舜下当补"之时"二字。下句"桀纣"下同（据《阙误》引张君房本）。

公孙龙问于魏牟曰："龙少学先王之道，长而明仁义之行，合同异，离坚白，然不然，可不可，困百家之知，穷众口之辩，吾自以为至达已。今吾闻庄子之言，汒焉异之，不知论之不及与？知之弗若与？今吾无所开吾喙，敢问其方。"

公子牟隐机太息，仰天而笑曰："子独不闻乎埳井之鼃乎？谓东海之鳖曰：'吾乐与！出跳梁乎井幹之上①，入休乎缺甃之崖②；赴水则接腋持颐③，蹶泥则没足灭跗；还〔视〕虷蟹与科斗④，莫吾能若也。且夫擅一壑之水，而跨跱埳井之乐⑤，此亦至矣。夫子奚不时来入观乎?'东海之鳖左足未入，而右膝已絷矣。于是逡巡而却，告之(海)曰⑥：'夫〔海〕千里之远，不足以举其大；千仞之高，不足以极其深。禹之时十年九潦，而水弗为加益；汤之时八年七旱，而崖不为加损。夫不为顷久推移，不以多少进退者，此亦东海之大乐也。'于是埳井之鼋闻之，適適然惊⑦，规规然自失也⑧。且夫知不知是非之竟，而犹欲观于庄子之言，是犹使蚊负山，商蚷驰河也，必不胜任矣。且夫知不知论极妙之言，而自适一时之利者，是非埳井之鼋与？且彼方蹠黄泉而登大皇，无南无北，奭然四解⑨，沦于不测。无(东)〔西〕无(西)〔东〕⑩，始于玄冥，反于大通。子乃规规然而求之以察，索之以辩，是直用管窥天，用锥指地也，不亦小乎？子往矣！且子独不闻夫寿陵余子之学(行)〔步〕于邯郸与⑪？未得国能，又失其故(行)〔步〕矣，直匍匐而归耳！今子不去，将忘子之故，失子之业。"

公孙龙口呿而不合，舌举而不下，乃逸而走。

注释：

① 跳梁：腾跃跳动。人双足，蛙、兽四足一齐向前腾跃叫跳梁。梁，踉的假借字。《义证》据《阙误》引江南古藏本跳下无梁字，以为梁字是羡文。但按蛙的跳跃特征说，以有梁字较好。《逍遥游》"东西跳梁，不辟高下"，跳梁原是庄文常用词。幹(gàn)，井栏。古代井上积木为栏，栏是四角形或八角形。幹应写作榦。《说文》作韩，并说从韦，取其币也，倝声，韓(*gan)是榦(*kan)的假借字。栏(*glan)上古是复辅音，和榦声近韵同。上古井栏都写作井榦，后代用栏不用榦。韓是《说文》新造的

字，"韦"义的解释也纯属附会。先秦两汉古籍中凡井栏字多用榦（或幹），不用韓（只《史记·封禅书》"井幹楼度五十丈"，一本幹作韓）。榦今音仍当读干（gàn），不应当随着韓的音变读寒（hán）。

② 缺甃之崖：缺砖的井壁，这里的意思是井壁（口语叫井框）上砖头坏缺脱落的地方。甃（zhòu），名词，砌井壁用的砖。《说文》："甃，井甓也。"《博雅》："甓，砖也。"司马相如《长门赋》："緻错石之瓴甓兮。"李善引郭璞注："江东呼甓为颟砖。"《一切经音义》引《通俗文》："狭长者谓之颟砖。"古代砌井壁盖专用狭长的砖。名词用如动词则为砌累，现代黄河中下游地区口语里用砖砌圆形的东西还叫甃。《易·井卦》："井甃，无咎。"郑注："甃，结砌也。"程传："甃，砌累也。"结砌和砌累同义。近人注解有误甓为壁，把甃解为"井壁"，盖沿袭《字林》的错误。

③ 接腋：水顶着夹（gā）肢窝。持颐：水托着腮。

④ 还下当有"视"字（据《义证》）。还视：回头看。虷蟹：联绵词，孑孓。《释文》："虷，音寒，井中赤虫也，一名蜎。《尔雅》'蜎蠉'郭注云：'井中小蛣蟩赤虫也。'"虷（*gan），今音仍应读甘（gān），不当读寒（寒的上古音也读甘）。虷和蜎（*kjan）声近韵同，虷是蜎的假借字。蛣蟩也是联绵词，即孑孓的繁体。蜎、蠉、孑孓都是由于体软蜷曲而得名的。《读庄札记》说："虷，遍考字书，未有训为井中赤虫者。蟹亦非井中物。虷字疑蜎与孑之叚字也。蟹乃蠞字之误。蠞本作厥，后遂讹为蟹矣。"所说虷是蜎和孑的假借字和蟹非井中物，至确。但蟹（*geg）、蠞（kiat）形误较难，二字声母和主要元音都相近，蟹当是蠞的假借字。虷和蟹组成联绵词，读起来就更容易和孑孓通转了。

⑤ 跨跱：前腿直竖、昂头蹲坐着。有些地方的口语里叫做"虎坐"。猫和狗也常这样蹲坐着。跨，踞、蹲。跱同峙，直立。跱是前腿的姿势，跨指后腿的姿势。

⑥ 海字当移至下文"夫"字下面(据俞樾《诸子平议》)。

⑦ 适适然：惊慌的样子。适，是惕的假借字，适、惕上古音相同。惕惕，象声词，像人惊慌、恐惧时心跳的声音。《国语·楚语上》："岂不使诸侯之心惕惕焉。"韦昭注："惕惕，惧也。"《素问·刺疟篇》："恶见人，见人心惕惕然。"心惕惕就是因惊惧而心惕惕地跳。惕惕后世音变为忐忑，意义也有所改变。

⑧ 规规然：偷偷地看了又看的神态。规，窥的假借字。又《字林》："窥，倾头门内视也。"《方言》："窥，视也。凡相窃视南越谓之窥。"规规然即窥窥然，窥在这里是偷看。规规重言，指一种动作的重复。规规然自失是说埳井之蛙用眼睛偷看看东海之鳖，惊慌、羞惭地不知所措，无地自容的样子。下文"规规然而求之以察"的"规规然"意义相仿，指东瞅瞅西看看地求索的样子。

⑨ 奭：《释文》音释，当读赫(hè)，裂解的声音。《义证》说："奭、赫一字。"一多师《批语》："《养生主》：'謋然已解。'《释文》：'謋，化百反，徐又许伯反。'王念孙曰：'《说文》："挟，裂也。"謋与挟同。'一多案：奭然亦即謋然，挟然，裂解貌也。"奭这里借用为象声词，上古读音和謋、騞(见《养生主》，同劐)、挟相同。《说文》有挟而无謋、騞。这几个字都是比象骨肉裂解的声音的，而《说文》则以挟为专用字。

⑩ 无东无西当为"无西无东"，和下文"反于大通"叶韵(据《读书杂志余编》)。

⑪ 行：当为"步"。下文故行的"行"同(据《义证》)。学步，学习走路的姿势，余子：贵族阶级的子弟。许先生《批语》："成疏'弱龄未壮谓之余子'，望文生训，未可凭依。《吕氏春秋·离俗览》：'平阿之余子亡戟得矛。'高诱注：'余子，官氏也。'汉儒言皆有所本，疑以官氏为是(《补正》同)。"官氏即指官僚贵族阶级。《吕氏春秋·报更篇》高诱注："大夫庶子为余。"余子也指的官僚

大夫家庭的子弟。

庄子钓于濮水〔之上〕^①，楚王使大夫二人往先焉，曰：
"愿以境内累矣！"

庄子持竿不顾，曰："吾闻楚有神龟，死已三千岁矣。
王巾笥而藏之庙堂之上。此龟者，宁其死为留骨而贵乎？
宁其生而曳尾于涂中乎？"

二大夫曰："宁生而曳尾涂中。"

庄子曰："往矣！吾将曳尾于涂中。"

注释：

① 濮水下面当加"之上"二字（据《补正》）。

惠子相梁，庄子往见之。或谓惠子曰："庄子来，欲代
子相。"于是惠子恐，搜于国中，三日三夜。

庄子往见之，曰："南方有鸟，其名为鹓鶵，子知之
乎？夫鹓鶵发于南海而飞于北海，非梧桐不止，非（练）
〔竹〕实不食^①，非醴泉不饮。于是鸱得腐鼠，鹓鶵过之，仰
而视之曰：'吓！'今子欲以子之梁国而吓我邪？"

注释：

① 练实：当改为"竹实"，竹子结的实。成玄英疏："练实、
竹实。"练实是竹实，不见它书记载，不足凭信。高诱注《淮南
子·时则训》"其树楝"说："楝实，凤凰所食。"《读庄札记》引高注
并说："疑此所谓练实即楝实也。"楝树黄河、长江流域到处皆是，
秋天结实，一簇簇地挂满树枝，至冬方落。楝实并非罕见的东

西，不像是所说的鹓鶵的食物。《补正》据各类书所录庄文和《北史·王繢传》都作竹实，因而说"作竹者为近古"，较为确切。《盐铁论·毁学篇》和《诗·大雅·卷阿》郑玄笺"非竹实不食，非醴泉不饮"，并用此文，都作"竹实"。《韩诗外传》卷八："集帝梧桐，食帝竹实。"《说苑·辨物篇》则作："食帝竹实，栖帝梧树。"都说是凤凰栖梧桐，食竹实，和各书所引庄文相合。《晋书·五行志》："惠帝元康二年春，巴西郡界竹生花，紫色，结实如麦，外皮青，中赤白，味甘。"又："安帝元兴三年，荆江二州界，竹生实，如麦。"湘、鄂、赣地区民间相传，大旱之年竹子开花结实（养分极端缺乏），叫做竹米，可以煮粥。向未闻竹米又名楝实之说，足证本文当为竹实而非练实无疑。

庄子与惠子游于濠梁之上。庄子曰："（儵）〔鯈〕鱼出游从容①，是鱼之乐也。"

惠子曰："子非鱼，安知鱼之乐？"

庄子曰："子非我，安知我不知鱼之乐？"

惠子曰："我非子，固不知子矣。子固非鱼也，子之不知鱼之乐全矣。"

庄子曰："请循其本。子曰'汝安知鱼乐'云者，既已知吾知之而问我。我知之濠上也。"

注释：

① 儵：是鯈之误。鯈，白鲦鱼。马叙伦《庄子义证》说："儵借为鯈。"许先生《批语》说："《道藏》白文本，注疏本，《文选·秋兴赋》，《张茂先答何劭诗》注（明嘉靖本《文选》作鯈，《胡刻文选》和国学基本丛书本仍误为儵），《御览》百六十九、四百六十八，

九百三十七引亦并作儵，他本作儵者直误字耳，何必言假借字。"

附言

一、本篇正文系根据郭庆藩的《庄子集释》本，并参照各家校本予以校勘。各校本所提出的有关正文文字衍、脱、误、倒的校语，认为可以采用的，即凭依改正，并在正文文字上面加删订符号［删去号（ ），订补号〔 〕〕。如系词句颠倒，就在注中注明倒正过来。对于无关句词意义、语法关系的异文，概不抄录。他人校勘未见及，而确有问题的词句，则分别根据他书的引用、词义、语法、句义、句子衔接、修辞特点、文章风格、思想逻辑等条件，经过仔细地分析判断，认为确切不误，方始提出改正意见（这几项是校勘全书所遵依的条件，本文并未遍用）。凡尚存疑点，和两可之见，都存而不录。

二、所采用各家的校释，一般只指明出处，或作简要的摘录，不照抄原文。第一次引用时，人名书名并举，以后则只举书名。闻一多、许维遹二位先生的校释，都是手写的批语，一律抄录全文。

三、对旧注已经注解明白的词句（如第一句的"时"，按时，这里是按季节的意思。"河"，黄河等），本篇注解都暂为省略，俟最后全书成稿时再为补出。对历代注家所误注，或解释分歧，似是而非的注解，都加以分辨解释。注解时，为便于一般读者阅读正文，都把结语写在前面。解释务求简明易懂。论证辨析写在后面，以供研究本书者参考。

四、凡有关通假字，先秦读音相同或相近，而今音差异较大的，都依照上古的声母和韵母的拟音构拟出来（凡上古拟音前面都加＊号）。所构拟的上古音，虽只是近似，但较各家通转之说，却更为切近实际。上古声母和韵母的构拟，系遵照罗常培先生手写的拟音表，将来书成后是否同音标一同印出，视需要与否再为决定。

〔附〕本篇校勘用书：

闻一多先生《庄子批语》

许维遹先生《庄子批语》

马叙伦《庄子义证》

刘文典《庄子补证》

王叔岷《庄子校释》

奚侗《庄子补注》

武延绪《读庄札记》

俞樾《诸子平议》

高秋月《庄子释意》

王念孙《读书杂志余编》

陈碧虚《庄子阙误》

陆德明《经典释文》

（注释用书暂略）

（《社会科学战线》1978 年第 1 期）

附录：《庄子章句（附校补）·齐物论（伦）》
物伦犹事类，齐物伦犹齐事类。

闻一多　遗著　何善周　整理

一

南郭子綦隐几而坐，事又见《徐无鬼篇》。隐，凭也。仰天而嘘，向云："息也。"《玉篇》引《声类》："出气暖曰嘘。"苔（塌）焉似丧其耦（偶）。塌，圮毁貌。偶，偶像也。《释文》本又作偶，《文选·北山移文》注、卢谌《赠刘琨诗》注、《玉篇·人部》引并同。偶寓本同字，抟土刻木为像，所以寄寓神之精气，故谓之寓。神与像为二，对神言之，则像为神之偶，故又谓之偶。似丧其偶者，谓形躯委顿，如神之土木形骸，将就圮毁，而失其所寓也。子綦全于神者，故以神拟之，而方其形骸为偶像。此以精神为实体。形骸为象征实体之偶像，犹后世言精神为真我，形骸为假我也。

颜成子游立侍乎前，曰："何居乎？居乎犹哉乎。形固可使如槁木，而心固可使如死灰乎？槁木死灰之喻，亦自偶像生出，言其堕形去智，身心两忘也。今之隐几者，真我。非昔之隐几者也。"假我。今日气象，与昨不同。

子綦曰："偃，子游名。不亦善乎而问之也？而，汝也。今者吾丧我，身心两弃，独以神存。汝知之乎？汝闻人籁而未闻地籁，汝闻地籁未闻天籁夫！"籁，箫也。此通指音乐。天籁谓本然的音乐。明乎天籁之理，而后知神全之妙，而身心不足为贵矣。

子游曰："敢问其方（仿）。"方犹仿佛也。《后汉书·班彪传》注："仿佛犹梗概也。"《说文》："仿，相似也。"《孟子·万章上》："君子可欺以其方。"注："方，类也。"类亦似也。

子綦曰："夫大块噫（呃）气，大块，地也。块本作由，字从土，土即地也。气逆上冲作声曰呃。其名为风。是唯无作，作，起也。作则万窍怒呺（号）。而独不闻之翏翏（飂飂）乎？而，汝。之犹其也。飂飂，风声。山陵①之畏佳（崴崔）。山曲阿也。大木百围之窍穴，似鼻，似口，似耳，似枅（钘），似钟而颈长。似圈（盏），盂也。似臼，似洼者，似污者，洼，深池也，小者曰污。三似身，三似器，二似地。——激（噭）者，吼也。謞（哮）者，呼也。叱者，吸者，叫者，譹者，哭声。宊（笑）者，咬者，欢声，如好鸟鸣。——前者唱于（吁），而随者唱喁；泠风则小和，飘风则大和。泠，清风。飘，疾风。厉风济，则众窍为虚，济，止也。而独不见之调调，之刁刁乎？"之犹其也。调调，刁刁，树枝轻摇貌。

子游曰："地籁则众窍是矣，人籁则比竹是矣，敢问天籁。"

子綦曰："夫吹万不同，而使其自已也（缄），已，止也。缄，默也。咸其自取（趣）也②怒（呶）者，趣犹动也。呶，喧呶。其谁邪？"止动谓风之息作。风之一息一作，固其自主，然而止则默然，动则喧呶，冥冥之间，必有主使之者，即下文之"真宰""真君"之意。此答天籁之问。

---

① 原误林，从奚侗说改.《大招》"山林险隘"，林一作陵。《左传·僖公十四年》"诸侯城缘陵"，《穀梁传》作林。

② 依文补。

大知(智)闲闲，豁然慧了。小知间间，耿如隙光。大言炎炎(啖啖)，夸譀貌。小言詹詹(噡噡)，咕嗫貌。小言之成实因小知，下文随写小知之心理诸相。——其寐也魂交，神魂定止。其觉也形开，官知活动。与接为构，与、为，皆犹相也。日以心斗，以心计相角斗。缦者缦，密也。《晏子春秋·内篇问上》一五:"缦密不能，蘧茞不学者诎。"王云:"缦密犹绵密。"窖(藮)者，粗率。密者□者①，小恐惴惴，神志尚在，故但惴惴战慄。大恐缦缦(惽惽)，神志已夺，则惽然痴迷矣。——其发若机栝，发动之速，有如弩牙。[其司(伺)是非之谓也?]弧内似后人旁注之语，羼入正文。下同。其留如诅盟，留上不动，如有约誓。[其守胜之谓也?]胜利在己，故愿长保之。其杀(衰)若秋冬，[以言其日消也? 其溺之所为之不可使复之也?]首之字训于，次之字训而。其厌也如缄，厌倦则安静如缄封。[以言其老洫也?]衰耗也。近死之心，莫使复阳(旸)也，旸，生。——喜怒哀乐，虑叹变熟(热)，忧虑嗟叹，至于内热。姚佚启态，姚冶轻佚，露其骄态。——乐出虚，蒸成菌，如乐出虚，有声出于无声。如蒸成菌，无形而生有形。日夜相代乎前，而莫知其所萌。已乎! 已乎! 旦暮得此，谓上述诸心灵活动。其所由以生乎? 生之所以为生，岂即以此? 非彼无我，彼指心灵活动。我非彼，无以为我。非我无所取。取，为也。彼非我，亦不知其为谁而然。——是亦近矣，此理固亦浅近易明。而不知其所为使。使，役使也。然而其所以如此者，究不知其为谁供其役使。若有真宰，宰，主也。而特不得其朕，但不得其迹兆。可行己信，其可运用己信而有征。而不见其形，有情而无形。有可行之情实，而不见其形貌。我之心身譬彼地籁，九窍六藏，大木之窍穴也，喜怒哀乐，窍中之风声也。然而风之或止而缄，或趣而呶，则必有主使之者，

---

① 依文义补。

天籁是也。我之喜怒哀乐相代乎前；亦当有主使之者，真宰是已。天籁无迹可寻，真宰亦然。此因天籁以明真宰之必有。

百骸，九窍，六藏（脏），赅而存焉，赅，兼也。吾谁与为亲？汝皆说（悦）之乎？其有私焉？如是皆有（或）为臣妾乎？是指百骸，九窍，六脏。其臣妾不足以相治乎？其递相为君臣乎？其有真君存焉？如求得其情与不得，情，实也。无益损乎其真。

一受其成形，成形，完整之形。不化①以待尽。化即物化，谓变形相嬗。《晋语》九："赵简子叹曰：'雀入于海为蛤，雉入于淮为蜃，鼋鼍鱼鳖莫不能化，唯人不能，哀夫！'"与物相刃（轫）相靡（磨），轫，击碎也。磨，磨切也。其行②如驰，而莫之能止，不亦悲乎？终身役役，而不见其成功，苶然疲役，而不知其所归，苶，疲困貌。可不哀邪？人谓之不死，奚益？其形死③，其心与之然，可不谓大哀乎？人之生也，固若是芒（懵）乎？芒，暗昧也。其我独芒，而人亦有不芒者乎？

<h2 style="text-align:center">二</h2>

夫随其成心而师之，谁独且无师乎？成犹完整也。天然完整之心，即直觉。依凭直觉以为准的，则人皆有师。奚必知（智）成④而心自取者有之，取，用。反己即得，不待他求。愚者与有焉。不待后天智识完备，而随心所欲，自然知所取舍。世间多有其例，愚者亦尔。未成乎心而有是非，是今日适越而昔（昨）至也。随其成心而师之，则是

---

① 化本作亡，依《田子方篇》及郭注义改。
② 行下有尽字，用马叙伦说删。
③ 死本作化，依文义改。
④ 成本作代，依文义改。

非自得。今未尝先成乎心,而遽有是非之见,譬有人言今适越而昔至者,其未尝至明矣。"今日适越而昔来",惠施历物之说,见《天下篇》。——**是以无有为有。无有为有,虽有神禹且不能知,**禹铸神鼎,能知神奸,故以为言。**吾独且奈何哉!**

夫言非吹也。吹谓箫管之属。箫管之音律有定准,谓吹有六律,吹宫则宫,吹商则商,言则异是,故曰言非吹也。**言者有言,其所言者特未定也。**今有人于此,其所言之是未必是,所言之非未必非。此指惠施辈合异同,离坚白之说。**果有言邪?其未尝有言邪?**有言如此,言犹未言也。**其以为异于鷇音,亦有辩乎?其无辩乎?**鷇,鸡也。鸡鸟之鸣,但有声音,而无意义。或以此辈之音异于鷇音,斯说也,有可争论者乎?无可争论者乎?

道恶乎隐而有真伪?言恶乎隐而有是非?隐晦暗昧,即上"未定"之谓。**道恶乎往而不存,言恶乎往而不可?**大道无往不存,故无真伪之分;至言无所不可,故无是非之别。而道有真伪,言有是非者,物或隐之使然也。**道隐于小成,**未大备也。**言隐于荣华,**浮辩之解,华美之言,指惠施辈辩者而言。**故有儒、墨之是非,**惠施墨徒,此后数章意主攻墨,而此兼及儒者,但取便文耳。**以是其所非,而非其所是。**儒墨各用己是是彼非,各用己非非彼是,而终不得真是非。**欲是其所非,而非其所是,则莫若以明。**明者隐之对。恣纵其辞,反覆晓喻,以务明析其本然之理也。隐一曰昧(详下)。惠施历物之说,如《天下篇》所载者,皆隐晦暗昧,不可究诘,庄子之学,一反惠施,故倡"明"以折之。

物无非彼,物无非是;有对立皆有彼此。自我观物,则物皆为彼;以物自观,物皆为此。**自彼则不见,自是**①**则知之。**观人则昧,返观即明。彼不能自见其为彼,自此观彼,乃知有彼。**故曰:彼出于是,是亦因彼,彼是方生之说也。虽然,方生方死,方死方生,**

---

① 是本作知,依成疏与文义改。

"日方中方睨，物方生方死"，亦惠施说，见《天下篇》。方可方不可，方不可方可，因是因非，因非因是，有因而是之者，即有因而非之者；有因而非之者，即有因而是之者。既有彼此，则是非之生无穷。永远矛盾，即陷于不可知论。是以圣人不由，由，用也。不可知论不能解决问题，故圣人不用。而照之于天。以天然之理为镜而照之，即上所谓"随其成心而师之"。亦"因是"也。因任自然。自是则知之。"因是"既可得知，则不必再事推求。是亦彼也，彼亦是也。是此也，此为彼所彼，彼亦自以为此。上文"彼出于是，是亦因彼"，就物言彼此对立。此云"是亦彼也，彼亦是也"，就道言则彼此混同。彼亦一是非，此亦一是非，彼此各有一是非，则彼此毕竟相同。果且有彼是乎哉？果且无彼是乎哉？彼此易地而居，则彼亦此，此亦彼，而彼此皆无矣。彼是莫得其偶，偶，对也。彼此皆无，无复对立之象。谓之道枢。此之谓道之枢要。枢、始得其环中，环中，空也。以应无穷。如彼机枢，立于环中，循环旋转，动而不动，其应无穷。是亦一无穷，非亦一无穷也。是非无穷，如环之转，圣人两顺而因应之，其理亦然。故曰莫若以明。

三

以"指"喻指之非指，次指谓指名之指（抽象名词），末指谓手指之指（实物名词），"指"则兼此二义之名。不若以"非指"喻指之非指也。以"马"喻马之非马，次马谓筹马之马（抽象名词），末马谓牛马之马，今字作码（实物名词），"马"则兼此二义之名。不若以"非马"喻马之非马也。天下①一指也，万物一马也。一犹皆也。此指、马二字俱抽象名词。指、马之辩，盖惠施发其端，而公孙龙演其绪，此亦驳惠施说②。道行

---

① 天下本作天地，依成疏改。
② 本有"可乎可，不可乎不可"八字，依刘文典说删。

之而成，道，路也，行之而成，《孟子》所谓"用之而成路也"。物谓之而然。凡物称之而名立，非先固此名也。恶乎可？可于可。恶乎不可？不可于不可[1]。物固有所然，物固有所可。无物不然，无物不可。故为是举莛与楹，小与大。厉（癞）与西施，丑与美。恢恑憰怪，道（导）通为一。导亦通也。颠倒之，变乱之，直混而为一。其分也，成也；一物分而数物成。其成也，毁也。成于此则毁于彼。凡物无成与毁，复通为一。无论成毁皆可返而混同为一。唯达者知通为一，为是不用而寓诸庸。寓，托也。庸，无用也，愚也。托于愚而不用。庸也者用也。无用亦用也。用也者通也。能以无用为用则通。通也者得也。通则条畅自得。适得而几矣。而犹则也，几，尽也。至理尽于自得。"因是"已。因任自然，随其成心而师之，岂措情哉！已而不知其然谓之道。已，如此也。如此而不自知其如此，未尝有心也，谓之道。若知其如此，则因是随有因非，便不能尽，不得谓之道矣。劳神明为一，而不知其同也，劳其神志以求一，而不知其本同。惠子历物之藩，存雄益怪，而终谓"天地一体"，此劳神明为一，而不知其同也。前谓物有对立，指离坚白，此又指其混异同也。谓之"朝三"。何谓"朝三"？狙公赋芧，狙公，老狙也。赋，予。芧，橡栗也。曰："朝三而暮四。"众狙皆怒。曰："然则朝四而暮三。"众狙皆悦。名实未亏而喜怒为用。亏，变也。亦"因是"也。顺其所喜，避其所怒，因任物情而利用之，此亦因是之道也。是以圣人和之以是非，和读唱和之和。谓人不自立是非，而随人之是非以为是非。而休乎天钧，钧，陶钧也，陶家名模下之轮曰钧，置模于钧上，旋转而成器。此借以喻自然法则之运行。圣人和应是非，任自然以成事，如陶者因钧转以成器？而不假人力，故曰休乎天钧。是之谓两行。陶钧之运，左旋右旋，皆无不可。圣人是非两可，莫之偏任，亦犹是也。

---

[1] 依《寓言篇》补。

四

古之人其知有所至矣。至者，造极之名。恶乎至？有以为未始有物者，至矣，尽矣，不可以加矣。其次以为有物矣，而未始有封也。封，界域也。虽见有物，而尚无彼此。其次以为有封焉，而未始有是非也。虽有彼此，而尚无是非。是非之彰也，道之所以亏也。道之所以亏，爱之所以成。爱恶以是非而成。果且有成与亏乎哉？果且无成与亏乎哉？虽然，因是非之彰隐以为亏成者，究非至道。至道者，永无亏成者也。有成与亏，故昭氏之鼓琴也；无成与亏，故昭氏之不鼓琴也。郑太师昭文，世善鼓琴。故昭氏，谓昭文之先人。抚弦调音，必有偏好，音之成而道之亏也。反之，不鼓琴则偏爱不生，亦无成亏矣。

昭文之鼓琴也，师旷之枝（支）策也，师旷，晋平公时人，妙解音律。支、计，策、数也。支策谓计其律吕之数。惠子之据梧也，惠子盖亦知音。《德充符篇》载其"倚树而吟，据槁梧而瞑"，树即梧，谓祝敔也。倚，即倚声之倚，据依同义。依据枳梧之声而瞑目沉吟，盖劳神思以穷乐理者欤？昭文以声求之，师旷以数计之，惠子以思索之。师旷之为乐进乎昭文，惠子又进乎师旷，然而昭文最近自然。三子之知几乎？皆其盛（成）者也，故载之末年。传之近世。唯（虽）其好之也，以（已）异于彼，其好之也，上其指惠子，彼指昭文、师旷。下其犹之也。惠子之所好者道术，本异乎彼二子之所好。欲以明之彼，之犹于也。惠子乃欲以其所好之道，明之于彼二子所好之乐。非所明而明之，声与数不足以明道，而惠子欲假以明道，则是明于所不当明者。故以坚白之昧（谜）终。惠施坚白之说，略见《天下篇》，其言迷离回互，实类谜语。此言惠子终不能明道，而所得但坚白异同之谜耳。而其子又以文之纶终，终身无成。其子，惠子之子；文，昭文也。纶，术也。文之纶，谓鼓琴之术。惠子之子终身学鼓琴，而无所成。若是而可谓成乎？虽我无成亦可谓①成也。此是字指惠子。若惠子者，欲借琴声以明道，而以坚白之昧终，此而可谓之成，虽我之未尝据梧沉吟，亦可谓成也。若是而不可谓成乎？物与我无成也。此是字指惠子之子。若惠子之子，终身鼓琴而无所成，此而不可谓成，则物与我皆无成者。惠子之有成不如其子之无成，盖无成者亦无亏，是成之至也。是故滑疑(凝)之耀，圣人之所鄙②也。滑，光泽也。凝，脂也。涂敷脂膏以为光耀，异乎日火之真耀，以喻惠子以离坚白为知，异乎圣人之真知，此其所以见弃于圣人也。为是不用而寓诸庸，此之谓以明。

五

今且有言于此，不知其与"是"类乎？其与"是"不类乎？类与不类，相与为类，类与不类，皆类别之辩，故共为一类。则与"彼"无以异矣。类与不类既属同类，则是与彼亦何以异？虽然，请尝言之。尝，试也。

有③"有始"也者，有"未始有始"也者，有"未始有夫未始有始"也者。有"有"也者，有"无"也者，有"未始有无"也者，有"未始有夫未始有无"也者。俄而"有无"矣，而未知"有无"之果孰有孰无也。今我则已有谓矣，而未知吾所谓之其果有谓乎，其果无谓乎。

六

天下莫大于秋豪(毫)之末，秋时兽生毫毛至微。末，杪也。而太山为小；天下之物，有相千万于太山之大者，亦有相千万于毫末之小者，

---

① 本无"无成"与"可谓"四字，依江南古藏文补。
② 鄙本作图，依文义改。
③ 本不重有字，依文义补。

以此视彼；莫大于毫末，莫小于太山。莫寿于殇子，而彭祖为夭。寿夭之义，说同大小。天地与我并生，而万物与我为一。既已为一矣，且得有言乎？一者混一之谓，有言则有所分辩，故既已为一，则不得有言。既已谓之一矣，且得无言乎？谓之一，既是言。一与言为二，妙一者理，理非所言，是以知以言言一，而言非一也。今一既一矣，而言又言焉，有一有言，二名斯起。二与一为三，复将后起之二名，对前时之妙一，有一有二，合之为三。自此以往，巧历不能得，而况其凡乎？历，算也。从三以往，虽有巧算之人。不能尽其数，而况庸人乎？故自无适有，以（已）①至于三，至理无言，言则名起。若从无言以适有言，才言即已至于三。而况自有适有乎？若从有言以适有言，其枝流分派，可穷尽乎？无适焉，"因是"已。圣人止于无言，无所适往。

七

夫道未始有封，至道玄同，本无界域。言未始有常，为是而有畛也。畛犹封也。道之所以有界域者，言辞无常使之然耳。请言其畛：有左有右，祖左祖右。有伦（论）有义（议），有分有辩，有竞有争，此之谓八德。六合之外，圣人存而不论，妙理希夷，不可言说。六合之内，圣人论而不议。有闻必录，不议是非。《春秋》经世先王之志，圣人议而不辩。古通称史书曰春秋。经世犹纪年也。志，记也，辩，博辩也。虽议是非，而不流于米盐博杂，以上或存或论或议，各因其当然耳。故分也者，有不分也；辩也者，有不辩也。挂一则漏万也。曰：何也？圣人怀之，存之于己。众人辩之以相示也。夸示于人。故曰：辩也者，有不见也。或见于此，不见于彼，故辩起。夫大道不称，无可称名，故不称。大辩不言，不以言胜。大

———————————

① 以《衍义手抄》七引作已。

仁不仁，<small>自然煦覆，无心于仁。</small>大廉不嗛（谦），大勇不忮。<small>很也。</small>道昭而不道，<small>而犹则也，下同。以道炫物，必非真道。</small>言辩而不及（给），<small>辩则不胜辩。</small>仁常而不周①，<small>物不胜爱，故常其爱者，必有不周遍之时。</small>廉清而不信，<small>外过清激，则中近矫伪。</small>勇忮而不成，<small>轻诺者难成事。</small>五者圆（刓）而几向方矣。<small>刓，削损也。五者本圆，用之过度，则削损而变方矣。</small>故知止其所不知，至矣。<small>知止于其不可知者，是知之至也。</small>孰知不言之辩，不道之道？<small>不道即不称。</small>若有能知，此之谓天府。<small>天府，星名，以喻知之盛者，浑然之中，无所不藏。</small>——注焉而不满，酌焉而不竭，而不知其所由来，此之谓葆光。<small>葆光即北斗。古斗以匏为之，故北斗一曰匏瓜，语转为葆光。此亦以星名为喻。</small>

八

故昔者尧问于舜曰："我欲伐宗（崇）脍（邻）骨②（屈）敖，<small>伐崇、邻、屈敖，即《在宥篇》之放驩兜，流共工，投三苗。</small>南面而不释然，<small>三国皆在南方，故曰南面。释然，怡悦貌。</small>其故何也？"

舜曰："夫三子者，<small>三国之君。</small>犹存乎蓬艾之间，<small>三国皆在荒裔，草莱未辟，故曰蓬艾之间。</small>若（汝）不释然，何哉？<small>王师未兴，三子俱在，何遽不释之有哉？</small>昔者十日并出，万物皆照，<small>旧传天有十日，因以为喻。</small>而况德之进于日者乎？<small>进，过也。日之所照，犹有所不及，德则弥纶两间，无所不被。昔者十日并出，万物尚无不照。况王者德泽广被，过乎十日，何忧乎三子之不蒙沾渥哉？</small>

九

齧缺问乎王倪，<small>齧缺、王倪四岳之二，故传说以为尧师。又云尧师</small>

---

① 周本作成，依江南古藏本及郭注改。
② 骨本作胥，用孙诒让说改。

许由，许由师齧缺，齧缺师王倪。曰："子知物之所同是乎？人言子知物之所同，然乎否邪？"

曰："吾恶乎知之！"

——"子知子之所不知邪？"

曰："吾恶乎知之！"

——"然则物无知邪？"

曰："吾恶乎知之！虽然，尝试言之。庸讵知吾所谓知之非不知邪？庸讵知吾所谓不知之非知耶？且吾尝试问乎汝。民湿处则腰疾偏死，即偏枯。鳅然乎哉？鳅，泥鳅。木处则惴慄恂（眴）惧，猨猴然乎哉？三者孰知正处？民食刍豢，牛羊犬豕之属。麋鹿食荐。美草。蝍蛆甘带（蝍），蝍蛆似蝗，大腹长角，未知今何虫？蝍即蛇之小者。鸱鸦耆（嗜）鼠，四者孰知正味？猨、猵狙以为雌，猵狙本名猎蛆，一名獥𤡙，猨类之多毛而狗头者，喜与雌猿交。麋与鹿交，鳅与鱼游。游亦交也。毛嫱西施①，人之所美也，鱼见之深入，鸟见之高飞，麋鹿见之决骤，疾驰也。四者孰知天下之正色哉？自我观之，仁义之端，是非之涂（叙），绪也。樊然殽乱，樊然，错综貌。吾恶能知其辩（辨）！"辨，别也。

齧缺曰："子不知利害，则至人固不知利害乎？"

王倪曰："至人神矣，大泽焚而不能热，古人烧泽而畋。河汉冱而不能寒，冱，冻也。疾雷破山，飘②（飙）风振海而不能惊。若然者，乘云气，骑日月，而游乎四海之外，自昔相传如此，庄生实信其然，故举以佐说，非寓言也。死生无变于己，至人永存，

---

① 西施本作丽姬，依崔本及《御览》三八一引改。

② 依江南李氏本及成疏补。

故无生死。**而况利害之端乎?**"生死且不知,何有于利害?

十

瞿鹊子问乎长梧子,瞿鹊子,孔子弟子。长梧子未详。**曰:"吾闻诸夫子,**孔子也。**圣人不从事于务,**强竞。**不就利,不违害,**违,避也。**不喜求,不缘道,**自然寂照,不夤缘以求之。**无谓有谓,**以不言为言。**有谓无谓,**言犹不言。**而游于尘垢之外——夫子以为孟浪之言,**犹罔两,朦胧不了之貌。**而我以为妙道之行也。**行,迹也。**吾子以为奚若?"**

长梧子曰:"是皇(黄)帝之所听(怔)荧也,怔荧,叠韵连语,惧惑貌。**而丘也何足以知之!且女(汝)亦大早计,见卵而求时(司)夜,**夜谓晨夜。**见弹而求鸮炙。**鸮似斑鸠而大,青绿色,肉美堪为羹炙。卵有生鸡之用,而卵未能司晨;弹有得鸮之功,而弹不堪为炙;亦犹言能诠乎妙道之理,而言不足以当道也。才闻言说,便欲实行,其计用太早,与上说者何异?**予尝为汝妄言之,**尝,试也。**汝亦^①妄听之,奚[若]^②?旁(并)日月,挟宇宙,**并包日月,以死生为昼夜;挟藏宇宙,与万物为一体。**为其吻合,**吻,唇也。如两唇之相合而无间。**置其滑涽,**置犹任也。汩涽,双声连语,乱杂貌。任其汩涽不以为嫌。**以隶相尊。**贵贱一视。**众人役役,**蠢动貌。**圣人愚芚(蠢),**上下皆愚。**参万岁而一成纯,**参,并也,齐也。一,皆也。成,完整也。纯,纯朴也。**万物尽然而以是相蕴,**是指万岁成纯。蕴,积也。万物皆万岁成纯以相蕴积。**——予恶乎知说生之非惑耶?予恶乎知死之非弱(溺)丧而不知归者邪?**如溺死者其魂不归。一说如弱龄迷失,安于他乡,不知

---

① 亦本作以,依《说郛》一《经子法语》引及郭注成疏改。
② 用朱桂曜说补。

归返。丽（骊）之姬，艾封人之子也。骊戎，国名，姬姓，故称骊姬。艾盖骊之都邑，附庸之君曰封人。子，女也。晋国之始得之也，涕泣沾襟。及其至于王所，王谓晋献公，春秋列国多称王，不自六国始。与王同匡①床，今之方床。食刍豢，而后悔其泣也。予恶乎知夫死者不悔其始之蕲生乎？蕲，求也。梦饮酒者，旦而哭泣；梦哭泣者，旦而田猎。占梦家言梦与觉吉凶相反，今俗亦云然。方其梦也，不知其梦也，梦之中又占其梦焉，觉而后知其梦也。且有大觉，而后知此其大梦也。死为大觉，则生为大梦。而愚者自以为觉，窃窃然知之。窃窃，明察貌，窃窃然自以为知之。君乎？牧乎？牧，臣也。君臣犹贵贱。生果贵乎？死果贱乎？固哉！而必欲分贵分贱，何其愚哉！丘也与女皆梦也，予谓女梦，亦梦也。是其言也，其名为吊诡。吊音的。吊诡，叠韵连语，变异不常也。万世之后，而一遇大圣知其解者，是旦暮遇之也。"解人难得，万世一遇，犹朝夕遇之。此言众人闻之，以为吊诡，遇大圣则解之矣。

十一

既使我与若辩矣，若胜我，我不胜若，若果是也，我果非也耶？我胜若，若不吾胜，我果是也，而果非也耶？若而皆汝也。其或是也，其或非也耶？一人是，一人非。其俱是也，其俱非也耶？我与若不能相知也，则人固受其黮闇，吾谁使正之？黮闇，叠韵连语，不明貌。我与若既各执偏见，不能相知，则人亦必昧于所从，吾将使谁正之。使同乎若者正之，既与若同矣，恶能正之？使同乎我者正之，既同乎我矣，恶能正之？使异乎

---

① 匡本作筐，依《释文》引一本及《御览》七〇六、《山谷外集》五《晁元忠西归十首》注引改。

我与若者正之，既异乎我与若矣，恶能正之？使同乎我与若者正之，既同乎我，又同乎若。既同乎我与若矣，恶能正之？然则我与若与人俱不能相知也，而待"彼"也邪？彼即人。人与我若之不能相知，犹我与若之不能相知，同是不相知也，焉待彼以正我若之辩？此言至理自明，不假外证。……①疑有"和之以天倪"等语，今脱。何谓"和之以天倪（砚）?"和，合也。砚，磨石也。杨泉《物理论》："周髀立盖天，言天气循边而行，如磨石焉。"是古疑天如磨，故有天砚之称，此借以说自然之理。曰："是不是，然不然。是即不是，然即不然。是若果是也，则是之异乎不也，其②无辩矣。然若果然也，则然之异乎不然也，亦无辩矣③。是若果是，则必无是与不是之争。然若果然，则必无然与不然之辩。然否有辩，是非有争，则是不必是，然不必然矣。化（和）声之相待，若其不相待。待有须待，有对待，同者相须，异者相对，同声相应者，须而不对，故其相待者相须待也，其不相，待者不相对待也。和之以天倪，因之以曼衍，因，任也。曼衍犹绵延无穷也。天砚旋转不息，圣人亦顺应无穷。所以穷年也。穷，终也。此所以终天年之道也。忘年，忘我④，穷年者可以忘年，忘年者可以忘我。振（抵）于无竟，抵，至也。竟，尽也。故寓诸无竟（境）。"无竟，忘年也。无境，忘我也。竟无境，时空两忘。

十二

罔两问景（影），罔两，若有若无之状，此言人之神，庄子谓之真君。影，阴影也。曰："曩子行，今子止，曩子坐，今子起，何其

---

① 依文义，当有脱文。
② 其本作亦，依江南古藏本改。
③ 以上两矣字，并依江南古藏本补。
④ 我本作义，依文义改。

无特操与（欤）！"特操，独立之志操。影随形动，形既行止起坐无常，影亦行止起坐无常，故曰无特操。

景曰："吾有待而然者邪？吾所待又有待而然者邪？影不能自主，须待形，形不能自主，又待真宰。吾待蛇蚹（肤）蜩翼邪？蛇肤即蛇蜕皮。蜩，蝉也。蛇肤蜩翼皆透明体而无影，故影无待于此。恶识所以然？恶识所以不然？"然，有影；不然，无影。物皆有影，而蛇肤蜩翼则无。同是物也，或有影，或无影，何可以有影，何可以无影，此其为理，曷可胜究？

十三

昔者庄周梦为胡蝶，昔，昨夜也。栩栩然胡蝶也，栩栩，轻飞貌[①]。不知周也。不知其为周也。俄然觉，俄然犹俄而。则遽遽（瞿瞿）然周也。瞿瞿然，惊视貌。不知周之梦为胡蝶与？胡蝶之梦为周与？周与胡蝶则必有分矣。分，别也。此之谓物化。《荀子·正名篇》："状变而实无别而为异者谓之化。"《寓言篇》："以不同形相禅，始卒若环，莫知其伦。"即物化之谓也。既形变而实不变，则物类本齐，其不齐者特幻焉耳。

校补

山陵之畏隹

本作山林。奚侗曰："林当为陵。《六韬·绝粮》（当作道）第三十九'依山林险阻水泉林木而为之固'，《通典》五十七引作山陵，是陵误为林之例证。畏隹犹崔嵬，言山阜之高大也。"案《楚辞·大招》"山林险隘"，旧校林一作陵。《吕氏

---

① 本有"自喻适志与"五字，依《类聚·虫豸部》、《御览》九四五、《尔雅翼》二五引删。

春秋·禁塞篇》"为京丘若山陵"，高诱注："……若山陵高大也。"注中陵字今本作林。二书亦并"山陵"误为山林，与此同比。《周书·王会篇》"央林以酋牙"，《尚书大传》作于陵氏。《左传》僖公十四年"诸侯城缘陵"，《穀梁传》作林，亦陵林相乱，《释文》引李颐注曰："畏佳，山阜貌。"是李本尚作山陵。郭释畏佳为扇动貌，字始误林。公据改。

其自取也怒者

本无也字，今依文义补，说详《义疏》。

缦者窖者，密者□耆

□耆二字旧缺。案此文上下皆四字为句，此句旧脱二字，则句法参差。又"缦者窖者，密者□耆"，缦密一义，"密者"与"缦者"相偶为文，则下亦当有"□耆"二字以与"窖者"相偶。今以意补。

不化以待尽

本作不亡。刘师培曰："不亡《田子方篇》作不化，亡即化讹。下云'其形化'，即承此言。郭注以'中易其性'为诠，亦作化也。盖化本作匕，与亡形近，因讹为亡。"案刘说是，今据改。惟下文"其形化"，化实误字，说详彼条。

其行(尽)如驰而莫之能止

行下本有尽字。马叙伦曰："尽字涉上文而羡。"案马说是，今据改。

其形死

死本作化，案上云"人谓之不死，奚益"，此承上为文，化当为死，字之误也。"其形死，其心与之然，可不谓大哀乎"与《田子方篇》"哀莫大于心死，而人死亦次之"语相仿。

且上文以不化待尽而哀，此若作化，则与上文之义相左矣。今改正。

奚必知成而心自取者有之

成本作代。旧读"奚必知代"句，"而心自取者有之"句。案知读为智，与下愚字对举。代当为成，字之误也。今正。此当以"奚必知成而心自取者有之"十一字为句。成盛古通。后文曰"三子之知几乎皆其盛者也"，《大宗师篇》曰"是知之盛也"。此知盛即知成。《德充符篇》曰"以其知得其心，以其心得其常心"，此云不必知成而心自取，亦知与心并言，义与彼同。

天下一指也，万物一马也

天下本作天地。案指谓名称，马谓符号，详《义疏》。一犹皆也。"天下一指也，万物一马也"，天下与万物，指与马，皆同义，二句实只一义耳。今本天下作天地，盖学者不达指马之义而妄改。《疏》曰："天下虽大，一指可以蔽之，万物虽多，一马可以尽理。"其解说虽误，似所见本犹作天下。今据正。

此下旧有"可乎可，不可乎不可"八字，刘文典谓是下文错置于此。说详下条。案刘说是也，今据删。

恶乎可，可于可，恶乎不可，不可于不可

本无此十五字。王闿运曰："以《寓言篇》证之，'不然于不然'下，似应更有'恶乎可，可于可，恶乎不可，不可于不可'四句，而今本夺之。"刘文典曰："王说是也。此文本以'然不然''可不可'对言，故下文云'物固有所然，物固有所可，无物不然，无物不可'，今本'不然于不然'句下敓

此四句，又误移'可乎可，不可乎不可'二句于上文，句既错乱，义遂不可通矣。《释文》引崔本'无物不然，无物不可'句下有'可于可，而不可于不可，不可于不可，而可于可也'十九字，文虽小异，而'不然于不然'句下之有敚文愈明矣。"案王刘说是也，今据补。

虽我无成亦可谓成也。

本作"虽我亦成也"，江南古藏本有"无成"及"可谓"四字，文义较明，今据补。

圣人之所鄙也

鄙本作图，案图当为鄙，鄙古只作啚，校者误认为图，遂改写作图。《天下篇》"图傲乎救世之士哉"，章炳麟谓图为啚误。《书·洪范》"洪惟图天之命"、"厥图帝之命"、"图厥政"、"图忱于正"，于省吾亦谓图皆啚之误，是其例证。此所谓滑疑之耀指斥惠子，乃庄子所不取，故曰"圣人之所鄙也"，今改正。

有"有始"也者

本不重有字，章煜然云当补有字，今从之。

仁常而不周

周本作成。奚侗曰："成江南古藏本作周，是也。郭注'物无常爱，而常爱必不周'，是郭本亦作周。成字涉下'勇忮而不成'句而误。"案奚说是也，今据改。

我欲伐宗脍胥敖

胥敖本作胥敖。孙诒让曰："《吕氏春秋·召类篇》云：'禹攻曹魏屈骜有扈。'敖疑与骜字通，胥或当作骨，胥敖即屈骜。俗书胥作骨，与骨相似。骨屈音近字通，《列子·杨

朱篇》'禽骨鳌',《释文》骨作屈。"案孙说是,今据改。梁履
绳校《吕览》亦云"屈鳌与胥敖相似,恐有讹错"。

毛嫱西施

西施本作丽姬。《释文》:"崔本作西施。"刘秀生曰:
"《管子·小称篇》'毛嫱西施天下之美妇人也',《文选·神
女赋》注引《慎子》'毛嫱先施天下之姣也',先施即西施。是
古书以毛嫱西施并举。疑丽姬西施一人也,古书以洒为洒
扫字可证。或本作西施,后人因下文丽之姬句而改。"案刘
氏后说是也。《御览》三八一引作西施,今据改。

飘风振海而不能惊

本无飘字。奚侗曰:"风上脱飘字,当据《阙误》所引江
南李氏本补之。成玄英疏'雷霆奋发而破山,飘风涛荡而振
海',是成玄英本亦作飘风。"案奚说是,今据补。《御览》
五〇一引皇甫谧《高士传》作"暴风振海",暴风亦即飘风。

汝亦妄听之

亦本作以。案以当作亦,草书形近而讹。郭象注曰:
"故亦妄听之。"成玄英疏曰:"我试为汝妄说,汝亦妄听。"
是郭成二本并作亦。《集解》本作"汝亦以妄听之",《说郛》
一《经子法语》引同,以字虽衍,而亦字犹存,盖一本作亦,
一本作以,写者误合之。今据改。

奚若

旧无若字。朱桂曜曰:"奚下疑脱若字。"案朱说是,今
据补。

与王同匡床

匡本作筐。《释文》:"筐本亦作匡。"案作匡是。《御览》

七〇六、《山谷外集》五《次韵晁元忠西归十首》注引并作匡。《淮南子·主术训》"匡床蒻席,非不宁也",《草堂诗笺》一三《观李同情司马弟山水图三首》笺引许注"匡,安也"。吴均乐府《妾安所居》"匡床终不共"字亦并作匡,今据《释文》引一本改。

……何谓"和之以天倪"

此处语意隔断,吕惠卿移下文"化声之相待,若其不相待,和之以天倪,因之以曼衍,所以穷年也"五句于此,诸本多从之。案此说非是。下文"所以穷年也"与"忘年忘我"语意一贯,不当分离。详审文义,"何谓和之以天倪"上有脱句,非错简也。

其无辩矣,然若果然也:则然之异乎不然也,亦无辩矣

其本作亦,江南古藏本作其,于文为顺,今据改。两辩字下旧并无矣字,案江南古藏本有两矣字,是据补。

忘年,忘我,振于无竟

我旧作义。案庄子意中本无仁义,焉用忘之? 义当为我误,下文"寓诸无竟(境)"即承此义。忘我又犹上文"吾丧我",今改正。

栩栩然胡蝶也,不知周也

"栩栩然胡蝶也"下旧有"自喻适志与"五字。刘文典曰:"'自喻适志与'五字隔断文义,与字同欤,详其语意,似是后人注羼入正文。《艺文类聚·虫豸部》、《太平御览》九百四十五引并无此五字,三百九十七引有,盖唐代犹有无此五字之本。"案刘说是,《尔雅翼》二五引亦无,则宋代犹存未衍之本,今据删。

  附记 闻一多先生的《庄子》遗稿，共有七种：《庄子》章句、《庄子》校补、《庄子》义疏、《庄子》疏证、《庄子》校拾、《庄子》札记、《庄子》人名考，前三种都可以成书。《庄子》疏证只有《逍遥游》一篇，且与义疏多有重复，今与义疏合为一种。后三种可惜只是些零散的资料，难以系缀成篇。即前三种也没有一种是完稿（校补和义疏只写成《内篇》）。正如郭沫若先生在开明版《全集》的序言里所说的："'千古文章未尽才'，实在是一件千古的恨事。他假如不遭暗害，就在学问研究上也必然会有更大的贡献的。"仅就《庄子》一书便可明鉴。

  《庄子》校补和义疏，虽只有《内篇》七篇，但较完整，编者只做了些抄录和查对引文的工作。《庄子》章句则有三种稿子：章句（一）、章句（二）、章句（三）（按北京图书馆的编号）。章句（一）是最后稿，大概写于1945年[章句（二）只有《逍遥游》一篇，章句（三）只有内七篇]。这里刊出的《齐物论》章句，系根据章句（一）并参照章句（三），编辑而成的。在编抄过程中虽不愿漏掉一词一句的确解和胜义，并补足了原稿因水渍坏损或复制模糊的文字，但因编者才学所限，不免有疏漏之处，祇望读者不吝指教。

  何善周谨识于东北师范大学 1980年11月18日

         （《东北师大学报》1981年第1期）